管理体系标准培训丛书

质量管理体系标准的理解和实施

中国检验认证集团陕西有限公司　编著

策划　党继祥
编者　肖荣里　吕　强　陈　颖

西北工业大学出版社

【内容提要】 本丛书共有4个分册,分别是《质量管理体系标准的理解和实施》《环境管理体系标准的理解和实施》《职业健康安全管理体系标准的理解和实施》以及《管理体系内审员教程》。该丛书分别介绍了《质量管理体系 要求》(GB/T 19001—2016)、《环境管理体系 要求及使用指南》(GB/T 24001—2016)、《职业健康安全管理体系 要求》(GB/T 28001—2011)及《管理体系审核指南》(GB/T 19011—2013)产生的背景以及如何正确理解和实施。本书对《质量管理体系 要求》进行了较为详尽的阐述,对每条要求的相关术语和词语、标准的理解及审核要求进行讲解,并有不同的举例。

本书不仅可作为管理体系内部审核员的培训教材,也可供企业管理者,管理体系咨询人员、审核员以及有关院校师生参考。

图书在版编目(CIP)数据

质量管理体系标准的理解和实施 / 中国检验认证集团陕西有限公司编著. —西安:西北工业大学出版社,2017.4(2017.11 重印)
(管理体系标准培训丛书)
ISBN 978-7-5612-5288-8

Ⅰ.①质… Ⅱ.①中… Ⅲ.①质量管理体系—国家标准—中国 Ⅳ.①F273.2-65

中国版本图书馆 CIP 数据核字(2017)第 074413 号

策划编辑:张 晖
责任编辑:张 潼

出版发行:西北工业大学出版社
通信地址:西安市友谊西路 127 号　邮编:710072
电　　话:(029)88493844,88491757
网　　址:www.nwpup.com
印 刷 者:陕西向阳印务有限公司
开　　本:787 mm×1 092 mm　　1/16
印　　张:11.125
字　　数:268 千字
版　　次:2017 年 4 月第 1 版　　2017 年 11 月第 2 次印刷
定　　价:35.00 元

前　言

《质量管理体系　基础和术语》(GB/T 19000—2016)和《质量管理体系　要求》(GB/T 19001—2016)于2016年12月30日发布，并于2017年7月1日实施。

2016版的GB/T 19000族标准的颁布，引起了国内质量界、企业界、认证机构、培训机构的密切关注。与2008版标准相比较，2016版标准在结构和内容上都有了显著的变化，比如采用了ISO/IEC导则第1部分ISO补充规定的附件SL中给出的高层结构，采用了基于风险的思维，更少的规定性要求，对成文信息的要求更加灵活，提高了服务行业的适用性，更加强调组织的环境，增强对领导作用的要求，更加注重实现预期的过程结果以增强顾客满意。

中国质量认证中心西北评审中心于2006年12月编写了管理体系标准培训丛书，其中包括《质量管理体系标准的理解和实施》《环境管理体系标准的理解和实施》《职业健康安全管理体系标准的理解和实施》以及《食品安全管理体系标准的理解和实施》。丛书出版以来，受到企业界的热烈欢迎，已先后在多期管理体系培训班中使用，效果良好。随着国家标准的更新，我们组织专家编写了《质量管理体系标准的理解和实施》《环境管理体系标准的理解和实施》《职业健康安全管理体系标准的理解和实施》及《管理体系内审员教程》，以帮助企业更有效地理解和贯彻国家新标准。

本书遵循理论和实践相结合的原则，在讲究系统性、规范性的同时，尤其注重可操作性和实用性，既具有一定的理论深度，又有相当的实用价值。

本书可作为管理体系内部审核员培训教材，也可作为企业管理者，管理体系咨询人员、审核员以及有关院校师生参考使用。

在本书编写过程中曾参阅了相关文献资料，也得到雷芃、张红艳、薛永红等有关人员的支持与合作，在此，谨向他们深表谢意。

笔者衷心希望本书能够为广大读者提供更多的帮助，进一步得到读者的肯定和欢迎。

由于水平所限，书中不足之处，恳请广大读者批评指正。

编著者
2016年12月

目　　录

第一章　概述 ·· 1
　　第一节　质量管理体系标准的产生 ··· 1
　　第二节　ISO 9000 系列标准 ·· 1
　　第三节　2015 版 ISO 9001 标准修订的主要变化 ·· 3
　　第四节　本章小结 ·· 12

第二章　GB/T 19001—2016《质量管理体系　要求》标准的理解与实施 ··································· 13
　　第一节　范围 ··· 13
　　第二节　规范性引用文件 ·· 15
　　第三节　术语和定义 ·· 15
　　第四节　组织环境 ·· 19
　　第五节　领导作用 ·· 34
　　第六节　策划 ··· 44
　　第七节　支持 ··· 54
　　第八节　运行 ··· 69
　　第九节　绩效评价 ··· 106
　　第十节　改进 ·· 118

附录一　质量管理体系　基础和术语 ·· 123
附录二　质量管理体系　要求 ·· 151
附录三　质量管理体系知识练习 ··· 168

第一章 概　述

第一节　质量管理体系标准的产生

第二次世界大战期间,世界军事工业得到了迅猛的发展。一些国家的政府在采购军品时,不但提出了对产品特性的要求,还对供应厂商提出了质量保证的要求。

20世纪50年代末,美国发布了MIL-Q-9858A《质量大纲要求》,成为世界上最早的有关质量保证方面的标准。尔后,美国国防部制订和发布了一系列的对生产武器和承包商评定的质量保证标准。

20世纪70年代初,借鉴军用质量保证标准的成功经验,美国标准化协会(ANSI)和美国机械工程师协会(ASME)分别发布了一系列有关原子能发电和压力容器生产方面的质量保证标准。

美国军品生产方面的质量保证活动的成功经验,在世界范围内产生了很大的影响。一些工业发达国家,如英国、美国、法国和加拿大等国在20世纪70年代末先后制定和发布了用于民品生产的质量管理和质量保证标准。随着世界各国经济的相互合作和交流,对供方质量体系的审核已逐渐成为国际贸易和国际合作的需求。世界各国先后发布了一些关于质量管理体系及审核的标准。但由于各国实施的标准不一致,给国际贸易事业带来了障碍,质量管理和质量保证的国际化成为当时世界各国的迫切需要。

随着地区化、集团化、全球化经济的发展,市场竞争日趋激烈,顾客对质量的期望越来越高。每个组织为了竞争和保持良好的经济效益,努力设法提高自身的竞争能力以适应市场竞争的需要。为了成功地领导和运作一个组织,需要采用一种系统的和透明的方式进行管理,针对所有顾客和相关方的需求,建立、实施并保持持续改进其业绩的管理体系,从而使组织获得成功。

顾客要求产品具有满足其需求和期望的特性。这些需求和期望在产品规范中表述。如果提供产品的组织的质量管理体系不完善,那么,规范本身不能保证产品始终满足顾客的需要。因此,这方面的关注导致了质量管理体系标准的产生,并以其作为对技术规范中有关产品要求的补充。

第二节　ISO 9000系列标准

国际标准化组织(ISO)于1979年成立了质量管理和质量保证技术委员会(TC176),负责制定质量管理和质量保证标准。1986年,ISO发布了ISO 8402《质量——术语》标准,1987年发布了ISO 9000《质量管理和质量保证标准——选择和使用指南》、ISO 9001《质量体系——

设计开发、生产、安装和服务的质量保证模式》、ISO 9002《质量体系——生产和安装的质量保证模式》、ISO 9003《质量体系——最终检验和试验的质量保证模式》、ISO 9004《质量管理和质量体系要求——指南》等6项标准,通称为 ISO 9000 系列标准。

ISO 9000 系列标准的颁布,使各国的质量管理和质量保证活动统一在 ISO 9000 族标准的基础之上。标准总结了工业发达国家先进企业的质量管理的实践经验,统一了质量管理和质量保证的术语和概念,并对推动组织的质量管理,实现组织的目标,消除贸易壁垒,提高产品质量和顾客的满意程度等产生了积极的影响,得到了世界各国的普遍关注和采用。迄今为止,它已被全世界150多个国家和地区等同采用为国家标准,并广泛用于工业、经济和政府的管理领域,有50多个国家建立了质量管理体系认证制度,世界各国质量管理体系审核员注册的互认和质量管理体系认证的互认制度也在广泛范围内得以建立和实施。

ISO 9000 族标准可以帮助组织建立、实施并有效运行质量管理体系,是质量管理体系通用的要求或指南。它不受具体的行业或经济部门的限制,可广泛适用于各种类型和规模的组织,在国内和国际贸易中促进相互理解和信任。

1987 版的 ISO 9000 系列标准发布之后,到目前为止进行了四次修订。

一、1994 年的修改——"有限修改"

此次修改保持了 1987 版标准的基本结构和总体思路,只对标准的内容进行技术性局部修改,并通过 ISO 9000-1 和 ISO 8402 两个标准,引入了一些新的概念和定义,如过程和过程网络、受益者、质量改进、产品(硬件、软件、流程性材料和服务)等,为第二阶段修改提供了过渡的理论基础。

二、2000 年的修改——"彻底修改"

第 2 次修改是在充分总结了前两个版本标准的长处和不足的基础上,对标准总体结构和技术内容两个方面进行的彻底修改。2000 年 12 月 15 日,ISO/TC 176 正式发布了 2000 版的 ISO 9000 族标准。

2000 版 ISO 9000 族标准更加强调了顾客满意及监视和测量的重要性,增强了标准的通用性和广泛的适用性,促进质量管理原则在各类组织中的应用,满足了使用者对标准应更通俗易懂的要求,强调了质量管理体系要求标准和指南标准的一致性。2000 版 ISO 9000 标准对提高组织的运作能力、增强国际贸易、保护顾客利益、提高质量认证的有效性等方面产生了积极而深远的影响。

三、2008 年 ISO 9000 族标准的修订情况

2004 年,ISO 9001:2000 在各成员国中进行了系统评审,以确定是否撤销、保持原状、修正或修订。评审结果表明,需要修正 ISO 9001:2000。所谓"修正"是指"对规范性文件内容的特定部分的修改、增加或删除"。

修正 ISO 9001 的目的是更加明确地表述 2000 版 ISO 9001 标准的内容,并加强与 ISO 14001:2004 的兼容性。

主要要求:标题、范围保持不变;继续保持过程方法;修正的标准仍然适用于各行业不同规模和类型的组织;尽可能地提高与 ISO 14001:2004《环境管理体系 要求及使用指南》的兼容

性;ISO 9001 和 ISO 9004 标准仍然是一对协调一致的质量管理体系标准;使用相关支持信息协助识别需要明确的问题;根据设计规范进行修正,并经验证和确认。

四、2015 版标准的发布

修订工作开始于 2010 年,ISO 9000:2015,ISO 9001:2015 两个 2015 版标准目前均已正式发布。

ISO 9001 新版标准的基本特点:
(1)一定的前瞻性,为未来十年乃至更长时间,提供一套稳定的核心要求;
(2)更强的通用性,特别是强化了对服务行业的兼容性;
(3)高度关注对过程的有效管理,以实现预期的输出;
(4)考虑自 2000 年质量管理体系标准发生重大修订后,在实践和技术方面的变化;
(5)反映组织在经营过程中所面临的日益加剧的复杂性、需求和动态的环境的变化;
(6)通过应用 ISO 导则中的附件 SL,增强与其他 ISO 管理体系标准的兼容性和协调性;
(7)利用简单化的语言和描述形式,以有助于理解并统一对各项要求的阐述。

第三节 2015 版 ISO 9001 标准修订的主要变化

一、质量管理原则(QMP)的主要变化

QMP 的主要变化见表 1-1,QMP 之间的关系如图 1-1 所示。

表 1-1 QMP 的主要变化

ISO 9000:2008 标准	ISO 9000:2015 标准
1. 以顾客为关注焦点	1. 以顾客为关注焦点
2. 领导作用	2. 领导作用
3. 全员参与(involvement)	3. 全员积极参与(engagement)
4. 过程方法	4. 过程方法
5. 管理的系统方法	
6. 持续改进	5. 改进
7. 基于事实的决策	6. 循证决策
8. 与供方的互利关系	7. 关系管理

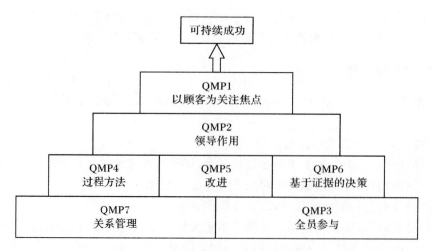

图 1-1　质量管理原则之间的关系

ISO 9000：2015 标准对 7 项质量管理原则分别有概述、理论依据、主要益处和可开展的活动详细的介绍。

1. 以顾客为关注焦点

（1）概述。

质量管理的主要关注点是满足顾客要求并且努力超越顾客期望。

（2）理论依据。

组织只有赢得和保持顾客和其他有关的相关方的信任才能获得持续成功。与顾客相互作用的每个方面，都提供了为顾客创造更多价值的机会。理解顾客和其他相关方当前和未来的需求，有助于组织的持续成功。

（3）主要益处。

可能的获益如下：

　　1）增加顾客价值；

　　2）增强顾客满意；

　　3）增进顾客忠诚；

　　4）增加重复性业务；

　　5）提高组织的声誉；

　　6）扩展顾客群；

　　7）增加收入和市场份额。

（4）可开展的活动。包括：

　　1）辨识从组织获得价值的直接和间接的顾客；

　　2）理解顾客当前和未来的需求和期望；

　　3）将组织的目标与顾客的需求和期望联系起来；

　　4）在整个组织内沟通顾客的需求和期望；

　　5）为满足顾客的需求和期望，对产品和服务进行策划、设计、开发、生产、交付和支持；

　　6）测量和监视顾客满意情况，并采取适当的措施；

　　7）在有可能影响到顾客满意的有关的相关方的需求和适宜的期望方面，确定并采取措施；

8)积极管理与顾客的关系,以实现持续成功。

2.领导作用

(1)概述。

各级领导建立统一的宗旨和方向,并且创造全员积极参与的条件,以实现组织的质量目标。

(2)理论依据。

统一的宗旨和方向的建立,以及全员的积极参与,能够使组织将战略、方针、过程和资源保持一致,以实现其目标。

(3)主要益处。

可能的获益如下：

1)提高实现组织质量目标的有效性和效率；

2)组织的过程更加协调；

3)改善组织各层级、各职能间的沟通；

4)开发和提高组织及其人员的能力,以获得期望的结果。

(4)可开展的活动。包括：

1)在整个组织内,就其使命、愿景、战略、方针和过程进行沟通；

2)在组织的所有层级创建并保持共同的价值观、公平和道德的行为模式；

3)培育诚信和正直的文化；

4)鼓励在整个组织范围内履行对质量的承诺；

5)确保各级领导者成为组织人员中的楷模；

6)为人员提供履行职责所需的资源、培训和权限；

7)激发、鼓励和表彰人员的贡献。

3.全员参与

(1)概述。

整个组织内的各级人员的胜任、授权和参与,是提高组织创造和提供价值能力的必要条件。

(2)理论依据。

为了有效和高效的管理组织,各级人员得到尊重并参与与其中是极其重要的。通过表彰、授权和提高能力,促进在实现组织的质量目标过程中的全员参与。

(3)主要收益。潜在的获益之处如下：

1)通过组织内人员对质量目标的深入理解和内在动力的激发以实现质量目标；

2)在改进活动中,提高人员的参与程度；

3)促进个人发展、主动性和创造力；

4)提高员工的满意度；

5)增强整个组织的信任和协作；

6)促进整个组织对共同价值观和文化的关注。

(4)可能开展的活动。可开展的活动包括：

1)与员工沟通,以增进他们对个人贡献的重要性的认识；

2)促进整个组织的协作;

3)提倡公开讨论,分享知识和经验;

4)让员工确定工作中的制约因素,毫不犹豫地主动参与;

5)赞赏和表彰员工的贡献、钻研精神和进步;

6)针对个人目标进行绩效的自我评价;

7)为评估员工的满意度和沟通结果进行调查,并采取适当的措施。

4. 过程方法

(1)概述。

将活动作为相互关联、功能连贯的过程系统来理解和管理时,可更加有效和高效地得到一致的、可预知的结果。

(2)理论依据。

质量管理体系是由相互关联的过程所组成的。理解体系是如何产生结果的,能够使组织尽可能地完善其体系和绩效。

(3)主要收益。可能的获益如下:

1)提高关注关键过程和改进机会的能力;

2)通过协调一致的过程体系,始终得到预期的结果;

3)通过过程的有效管理、资源的高效利用及跨职能壁垒的减少,尽可能提升其绩效;

4)使组织能够向相关方提供关于其一致性、有效性和效率方面的信任。

(4)可能开展的活动。可开展的活动包括:

1)确定体系的目标和实现这些目标所需的过程;

2)为管理过程确定职责、权限和义务;

3)了解组织的能力,预先确定资源约束条件;

4)确定过程相互依赖的关系,分析个别过程的变更对整个体系的影响;

5)对体系的过程及其相互关系进行管理,有效和高效地实现组织的质量目标;

6)确保可获得过程运行和改进的必要信息,并监视、分析和评价整个体系的绩效;

7)管理能影响过程输出和质量管理体系整个结果的风险。

5. 改进

(1)概述。

成功的组织持续关注改进。

(2)理论依据。

改进对于组织保持当前的绩效水平,对其内、外部条件的变化做出反应并创造新的机会都是非常必要的。

(3)主要收益。可能的获益如下:

1)改进过程绩效、组织能力和顾客满意;

2)增强对调查和确定根本原因及后续的预防和纠正措施的关注;

3)提高对内、外部的风险和机遇的预测和反应的能力;

4)增加对渐进性和突破性改进的考虑;

5)通过加强学习实现改进;

6)增强创新的动力。

(4)可能开展的活动。可开展的活动包括:
　　1)促进在组织的所有层级建立改进目标;
　　2)对各层级员工进行培训,使其懂得如何应用基本工具和方法实现改进目标;
　　3)确保员工有能力成功地制定和完成改进项目;
　　4)开发和展开过程,以在整个组织内实施改进项目;
　　5)跟踪、评审和审核改进项目的计划、实施、完成和结果;
　　6)将新产品开发或产品、服务和过程的变更都纳入改进中予以考虑;
　　7)赞赏和表彰改进。
6. 循证决策
(1)概述。
基于数据和信息的分析和评价的决策,更有可能产生期望的结果。
(2)理论依据。
决策是一个复杂的过程,并且总是包含一些不确定因素。它经常涉及多种类型和来源的输入及其解释,而这些解释可能是主观的。重要的是理解因果关系和可能的非预期后果,对事实、证据和数据的分析可导致决策更加客观、可信。
(3)主要收益。潜在的获益之处如下:
　　1)改进决策过程;
　　2)改进对过程绩效和实现目标的能力的评估;
　　3)改进运行的有效性和效率;
　　4)提高评审、挑战和改变观点、决策的能力;
　　5)提高证实以往决策有效性的能力。
(4)可能开展的活动。可开展的活动包括:
　　1)确定、测量和监视证实组织绩效的关键指标;
　　2)使相关人员能够获得所需的全部数据;
　　3)确保数据和信息足够准确、可靠和安全;
　　4)使用适宜的方法对数据和信息进行分析和评价;
　　5)确保人员有能力分析和评价所需的数据;
　　6)依据证据,权衡经验和直觉进行决策并采取措施。
7. 关系管理
(1)概述。
为了持续成功,组织需要管理与相关方(如供方)的关系。
(2)理论依据。
相关方影响组织的绩效。当组织管理与所有相关方的关系,尽可能地发挥其在组织绩效方面的作用时,持续成功更有可能实现。对供方及合作伙伴的关系网的管理是非常重要的。
(3)主要收益。潜在的获益之处如下:
　　1)通过对每一个与相关方有关的机会和限制的响应,提高组织及其相关方的绩效;
　　2)对目标和价值观,与相关方有共同的理解;
　　3)通过共享资源和能力,以及管理与质量有关的风险,增加为相关方创造价值的机会;
　　4)具有良好的,可稳定提供产品和服务的供应链。

(4)可能开展的活动。可开展的活动包括:
 1)确定相关方(例如,供方、合作伙伴、顾客、投资者、雇员或整个社会)与组织的关系;
 2)确定需要优先管理的相关方的关系;
 3)建立权衡短期收益与长期考虑的关系;
 4)收集并与相关方共享信息、专业知识和资源;
 5)适当时,测量绩效并向相关方报告,以增加改进的主动性;
 6)与供方、合作伙伴及其他相关方共同开展和改进活动;
 7)鼓励和表彰供方与合作伙伴的改进和成绩。

二、标准结构的变化

2015版ISO 9001标准按照ISO/EC导则第一部分ISO增刊SL的格式重新进行了编排。采用新的高级结构(HLS),贯彻P,D,C,A循环模式,如图1-2所示。

图1-2 ISO 9001—2015 FDIS的结构

标准结构的设计遵循"ISO/IEC Directives, Part 1, Consolidated ISO Supplement, 2013, Annex SL, Appendix 2"中所列明的结构(HLS),今后所有ISO管理体系标准,其结构均会与之类似;所有管理体系标准,其内容有30%或更多的文本是相同的。标准的基本结构适用PDCA循环示意图,如图1-3所示。新旧版本结构区别见表1-2。

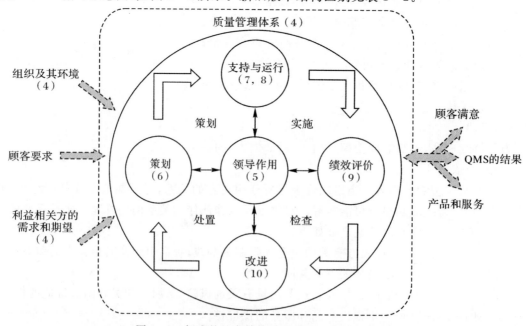

图1-3 标准的基本结构适用PDCA循环示意图

表1-2 新旧版本结构区别

ISO 9001:2008 版标准结构	ISO 9001:2015 版标准结构
1.范围	1.范围
2.规范性引用文件	2.规范性引用文件
3.术语和定义	3.术语和定义
4.质量管理体系	4.组织的背景
5.管理职责	5.领导作用
6.资源管理	6.策划
7.产品实现	7.支持
8.测量、分析和改进	8.运行
	9.绩效评价
	10.改进

三、标准内容的部分主要变化

(1)基于过程建立体系,对过程方法的强调(所产生影响的角度)。
(2)对风险和机会的应对贯穿始终。
(3)文件更加灵活与轻便,更加关注结果而非文件。
(4)与组织的业务经营结合得更为紧密。
(5)对绩效的强调。

四、ISO 9001 内在思想的演进

ISO 9001 的内在思想的演进如图 1-4 所示。

图 1-4 ISO 9001 的思想演进

五、明确引入了风险管理方面的要求

(1)风险意识的概念在以往版本中有暗示,特别是预防措施条款的要求,但并没有明确提出。

(2)应对不确定且不断变化的环境以及需求,风险管理日趋重要。
(3)标准的第四章是非常重要的一个章节。

六、2015版9001有关风险管理相关要求的主线

2015年版9001有关风险管理相关要求的主线如图1-5所示。

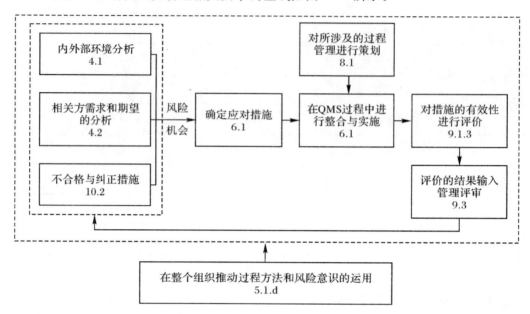

图1-5 2015版9001关于风险管理相关要求的主线

七、体系文件要求的变化

(1)没有质量手册的要求。
(2)没有程序文件的要求。
(3)没有管理体系文件结构层次的要求。

八、ISO 9001:2015提出的形成文件的信息的要求

作为与其他管理体系标准相一致的共同内容,本标准有"形成文件的信息"的条款,内容未作显著变更或增加(见7.5)。本标准的文本尽可能与其要求相适应。因此,"形成文件的信息"适用于所有的文件要求。

在GB/T 19001—2008中使用的特定术语如"文件""程序文件""质量手册"或"质量计划"等,在本版标准中规定为"保持形成文件的信息"要求。

在GB/T 19001—2008中使用"记录"这一术语表示提供符合要求的证据所需要的文件,现在表示为要求"保留形成文件的信息"。组织有责任确定需要保留的形成文件的信息及其存储时间和所用介质。"保持"形成文件的信息的要求并不排除基于特殊目的,组织也可能需要"保留"同一形成文件的信息的可能性,例如:保留其先前版本。

若本标准使用"信息"一词,而不是"形成文件的信息"(比如在4.1中"组织应对这些内部和外部因素的相关信息进行监视和评审"),则并不要求将这些信息形成文件。在这种情况下,

组织可以决定是否有必要适当保持形成文件的信息。

九、ISO 9001:2015 所提出的应保持的成文信息

(1)质量管理体系的范围(4.3)。
(2)质量方针(5.2)。
(3)质量目标(6.2)。

十、ISO 9001:2015 所提出的应保留的成文信息

(1)监视和测量资源的校准与检定的证据(7.1.5 两处)。
(2)人员能力的证据(7.2)。
(3)与产品和服务有关要求的评审(8.2.3)。
(4)设计与开发输入(8.3.3)。
(5)设计与开发的评审、验证和确认(8.3.4)。
(6)设计与开发输出(8.3.5)。
(7)设计与开发的变更(8.3.6)。
(8)外供方的评价、选择、重新评价(8.4.1)。
(9)可追溯性的唯一性标识(8.5.2)。
(10)外部供方或顾客财产发生丢失、损坏的情况(8.5.3)。
(11)生产和服务提供的变更(8.5.6)。
(12)产品和服务放行的证据(8.6)。
(13)不合格输出控制的证据(8.7.2)。
(14)管理体系绩效和有效性评价结果的证据(9.1.1)。
(15)内审实施及其结果的证据(9.2.2)。
(16)管理评审结果的证据(9.3.3)。
(17)不合格与纠正措施的证据(10.2.2)。
其他成文信息由组织自行决定是否建立(见标准 7.5.1 条款)。

十一、与组织的业务经营结合得更为紧密

(1)环境分析与相关方分析(4.1,4.2)。
(2)最高管理者应确保质量管理体系要求与组织的业务过程相融合(5.1.c))。
(3)质量方针应与组织的宗旨和环境相适应并支持其战略方向(5.2.a))。
(4)最高管理者应按策划的时间间隔评审组织的质量管理体系,以确保其持续的适宜性、充分性和有效性,并与组织的战略方向保持一致(9.3.1)。

十二、组织的绩效管理与 QMS 的结合

(1)组织应确定和应用为确保这些过程的有效运行和控制所需的准则和方法(包括监视、测量及相关的绩效指标)(4.4.c))。
(2)组织应确定和应用基于依照特定要求提供过程或产品和服务的能力,对外供方进行评价、选择、绩效监视和重新评价的准则。组织应保存这些活动以及根据评价结果所采取的任何必要措施的文件化信息(8.4.1)。

(3)第九章:绩效评价。组织应评价质量管理体系的绩效和有效性(9.1.1)。

(4)管理评审的输入包括质量管理体系绩效及其趋势的信息。

十三、标准内容的其他主要变化

(1)章节结构的变化;

(2)增加了"组织的环境"章节;

(3)对要求的"删减"可不局限在某个章节;

(4)增强了对最高管理者领导作用方面的要求;

(5)增加了"组织的知识"方面的要求;

(6)增加了产品实现环节"防错"方面的要求;

(7)取消了"预防措施"条款;

(8)增加了设计开发有关顾客参与方面的要求。

第四节 本章小结

中华人民共和国国家质量监督检验检疫总局和中国国家标准化管理委员会于2016年12月30日发布了GB/T 19000—2016《质量管理体系 基础和术语》、GB/T 19001—2016《质量管理体系 要求》两个标准,并于2017年7月1日开始实施。这两个标准使用翻译法等同采用ISO 9000:2015《质量管理体系 基础和术语》和ISO 9001:2015《质量管理体系 要求》(英文版),代替了GB/T 19000—2008《质量管理体系 基础和术语》、GB/T 19001—2008《质量管理体系 要求》两个标准。

第二章 GB/T 19001—2016《质量管理体系 要求》标准的理解与实施

此标准中规定了对质量管理体系的要求,供组织需要证实其具有持续地提供满足顾客要求和适用法律法规要求的产品和服务的能力时应用。组织可通过体系的有效应用,包括体系改进过程,确保符合顾客和适用法律法规的要求,旨在增强顾客满意。

此标准是用于审核和第三方认证的标准。它可用于内部和外部审核。

第一节 范 围

【标准要求】

> 本标准为下列组织规定了质量管理体系要求:
> a)需要证实其具有稳定提供满足顾客要求及适用法律法规要求的产品和服务的能力;
> b)通过体系的有效应用,包括体系改进的过程,以及保证符合顾客要求和适用的法律法规要求,旨在增强顾客满意。
> 本标准规定的所有要求是通用的,旨在适用于各种类型、不同规模和提供不同产品和服务的组织。
> 注1:本标准中的术语"产品"或"服务"仅适用于预期提供给顾客或顾客所要求的产品和服务。
> 注2:法律法规要求可称作法定要求。

【相关术语/词语】

(1)范围:指界限,限制,一定的时空限定,上下四周的界限。

(2)3.2.1 组织 organization。

为实现目标(3.7.1),由职责、权限和相互关系构成自身职能的一个人或一组人。

注1:组织的概念包括,但不限于代理商、公司、集团、商行、企事业单位、行政机构、合营公司、社团(3.2.8)、慈善机构或研究机构,或上述组织的部分或组合,无论是否为法人组织,公有的或私有的。

注2:这是 ISO/IEC 导则 第1部分 的 ISO 补充规定的附件 SL 中给出的 ISO 管理体系标准中的通用术语及核心定义之一,最初的定义已经通过修改注1被改写。

(3)3.5.1 体系(系统) system。

相互关联或相互作用的一组要素。

(4)3.5.3 管理体系 management system。

组织(3.2.1)建立方针(3.5.8)和目标(3.7.1)以及实现这些目标的过程(3.4.1)的相互关联或相互作用的一组要素。

注1:一个管理体系可以针对单一的领域或几个领域,如质量管理(3.3.4)、财务管理或环境管理。
注2:管理体系要素规定了组织的结构、岗位和职责、策划、运行、方针、惯例、规则、理念、目标,以及实现这些目标的过程。
注3:管理体系的范围可能包括整个组织,组织中可被明确识别的职能或可被明确识别的部门,以及跨组织的单一职能或多职能的团队。
注4:这是ISO/IEC导则 第1部分的ISO补充规定的附件SL中给出的ISO管理体系标准中的通用术语及核心定义之一,最初的定义已经通过修订注1至注3被改写。

(5)3.5.4 质量管理体系 quality management system。

管理体系(3.5.3)中关于质量(3.6.2)的部分。

(6)3.7.6 产品 product。

在组织和顾客(3.2.4)之间未发生任何交易的情况下,组织(3.2.1)能够产生的输出(3.7.5)。

注1:在供方(3.2.5)和顾客之间未发生任何必要交易的情况下,可以实现产品的生产。但是,当产品交付给顾客时,通常包含服务(3.7.7)因素。
注2:通常,产品的主要要素是有形的。
注3:硬件是有形的,其量具有计数的特性(3.10.1)(如:轮胎)。流程性材料是有形的,其量具有连续的特性(如:燃料和软饮料)。硬件和流程性材料经常被称为货物。软件由信息(3.8.2)组成,无论采用何种介质传递(如:计算机程序、移动电话应用程序、操作手册、字典、音乐作品版权、驾驶执照)。

(7)3.7.7 服务 service。

至少有一项活动必须在组织(3.2.1)和顾客(3.2.4)之间进行的组织的输出(3.7.5)。

注1:通常,服务的主要要素是无形的。
注2:通常,服务包含与顾客在接触面的活动,除了确定顾客的要求(3.6.4)以提供服务外,可能还包括与顾客建立持续的关系,如:银行、会计师事务所,或公共组织(如:学校或医院)等。
注3:服务的提供可能涉及,例如:
——在顾客提供的有形产品(3.7.6)(如需要维修的汽车)上所完成的活动。
——在顾客提供的无形产品(如为准备纳税申报单所需的损益表)上所完成的活动。
——无形产品的交付(如知识传授方面的信息(3.8.2)提供)。
——为顾客创造氛围(如在宾馆和饭店)。
注4:通常,服务由顾客体验。

(8)3.6.12 能力 capability。

客体(3.6.1)实现满足要求(3.1.2)的输出(3.7.5)的本领。

注:GB/T 3358.2中确定了统计领域中过程(3.4.1)能力术语。

(9)3.2.4 顾客 customer。

能够或实际接受为其提供的,或按其要求提供的产品(3.7.6)或服务(3.7.7)的个人或组织(3.2.1)。

示例:消费者、委托人、最终使用者、零售商、内部过程(3.4.1)的产品或服务的接收人、受益者和采购方。
注:顾客可以是组织内部的或外部的。

(10)3.9.2 顾客满意 customer satisfaction。

顾客(3.2.4)对其期望已被满足程度的感受。

注1:在产品(3.7.6)或服务(3.7.7)交付之前,组织(3.2.1)有可能不了解顾客的期望,甚至顾客也在考虑之中。为了实现较高的顾客满意,可能有必要满足那些顾客既没有明示,也不是通常隐含或必须履行的期望。

注2：投诉(3.9.3)是一种满意程度低的最常见的表达方式，但没有投诉并不一定表明顾客很满意。
注3：即使规定的顾客要求(3.6.4)符合顾客的愿望并得到满足，也不一定确保顾客很满意。
[源自：ISO 10004:2012,3.3，改写。注已被修改]

注：【相关术语/词语】前面有条款号的术语是 GB/T 19000—2016 标准中第三章有的术语和定义，前面没有条款号的是别的标准术语或词语的解释，以下同。

【理解要求】

(1)这里规定的是 GB/T 19001—2016 标准适用的范围。不要与组织的质量管理体系范围混淆。

(2)标准规定质量管理体系要求的目的如下：

 1)产品和服务质量方面：组织可以通过实施本标准来证实其具备稳定地提供满足顾客要求和适用法律法规要求的产品和服务的能力。进行 GB/T 19001 认证，证实的是能力。

 2)增强顾客满意方面：组织可以通过对质量管理体系的有效应用，包括体系改进的过程，持续不断识别顾客需求和期望，持续改进产品和服务，以增强顾客满意。

(3)标准的要求是通用的，可以适用于各种类型、不同规模和提供不同产品和服务的组织，无论该组织的类型(如制造业、服务业)、规模(如人数多少、占地面积大小、产量的高低)及提供的产品(如硬件、软件、流程材料)和服务是什么。本标准所规定的要求对需要采用标准的组织而言，是最基本的要求，是第三方认证的依据。组织建立的质量管理体系可以超过本标准的要求，但若要第三方认证，则不能低于本标准的要求。

(4)标准中所描述的产品，是指组织预期提供给顾客的产品或指顾客所要求的产品，不包括在这类产品实现过程中还可能会产生的一些非预期产品。如对环境造成污染的废气、废渣、废水等。

(5)解释了法律法规要求可称为法定要求。

第二节　规范性引用文件

【标准要求】

> 下列文件对于本文件的应用是必不可少的。凡是注日期的引用文件，仅注日期的版本适用于本文件。凡是不注日期的引用文件，其最新版本(包括所有的修改单)适用于本文件。
> GB/T 19000—2016　质量管理体系　基础和术语(ISO 9000:2015,IDT)

【理解要求】

这是国际标准的通用格式。

第三节　术语和定义

【标准要求】

> GB/T 19000—2016 界定的术语和定义适用于本文件。

【相关术语/词语】

(1)术语(terminology):是在特定学科领域用来表示概念称谓的集合。术语源于概念,是概念更高层次的概括。

(2)定义(Definition):是对术语的内涵或语词的意义所做的简要而准确的描述(解释)。

【理解要求】

(1)较之 GB/T 19001—2008,本国际标准的一些术语发生了变化,目的是提高与其他管理系统标准的协调性。

本国际标准不要求将其术语运用于组织质量管理体系的文件化信息之中。

本标准采用 GB/T 19000—2016《质量管理体系 基础和术语》(ISO 9000—2015,IDT)中的术语和定义,分 13 类、138 个术语(其中包括了 ISO/IEC 导则第一部分 ISO 增刊附件 SL 的基本术语和 ISO 9000 族其他标准的术语),相对于 GB/T 19000—2008 的术语和定义(共 10 类、84 个术语)来说,有所扩大和增加。特别是,对很多重要的基础和术语进行了修订和创新(例如输出、产品和服务),为 GB/T 19001 标准的应用和审核带来较大变化和变更,新术语和定义将有助于标准实现其目标和结果。

不需要使用本国际标准的术语替代组织自身使用的术语以指明质量管理体系要求。组织可选择使用适合它们运作的术语(例如使用"记录""文件""协议"等,而不必用"文件化信息",或使用"供应商""合伙人""卖方"等术语,而不必用"外供方")。

(2)本国际标准和前一版本之间在术语上的主要差异见表 2-1。

表 2-1 2008 版与 2016 版国标的主要差异

GB/T 19001—2008	GB/T 19001—2016
产品	产品和服务
删减	不使用(见附录 A.5 的适用范围说明)
管理者代表	不使用(相关的职责和权限得到指定,但不再要求有一个单独的管理者代表)
文件、质量手册、形成文件的程序、记录	文件化信息
工作环境	过程的运行环境
监视和测量设备	监视和测量资源
采购的产品	外部提供的产品和服务
供方	外供方

(3)GB/T 19001—2016 标准中的术语分 13 类、138 个,术语分布如下:

1)3.1 有关人员的术语(6 个)。

 a)3.1.1 最高管理者; b)3.1.2 质量管理体系咨询师;

 c)3.1.3 参与; d)3.1.4 积极参与;

 e)3.1.5 管理机构; f)3.1.6 争议解决者。

2)3.2 有关组织的术语(9 个)。

a) 3.2.1 组织； b) 3.2.2 组织环境；
   c) 3.2.3 相关方； d) 3.2.4 顾客；
   e) 3.2.5 供方； f) 3.2.6 外部供方；
   g) 3.2.7 争议解决过程提供方； h) 3.2.8 协会；
   i) 3.2.9 计量职能。

3) 3.3 有关活动的术语(13个)。
   a) 3.3.1 改进； b) 3.3.2 持续改进；
   c) 3.3.3 管理； d) 3.3.4 质量管理；
   e) 3.3.5 质量策划； f) 3.3.6 质量保证；
   g) 3.3.7 质量控制； h) 3.3.8 质量改进；
   i) 3.3.9 技术状态管理； j) 3.3.10 更改控制；
   k) 3.3.11 活动； l) 3.3.12 项目管理；
   m) 3.3.13 技术状态项。

4) 3.4 有关过程的术语(8个)。
   a) 3.4.1 过程； b) 3.4.2 项目；
   c) 3.4.3 质量管理体系实现； d) 3.4.4 能力获得；
   e) 3.4.5 程序； f) 3.4.6 外包；
   g) 3.4.7 合同； h) 3.4.8 设计和开发。

5) 3.5 有关体系的术语(12个)。
   a) 3.5.1 体系(系统)； b) 3.5.2 基础设施；
   c) 3.5.3 管理体系； d) 3.5.4 质量管理体系；
   e) 3.5.5 工作环境； f) 3.5.6 计量确认；
   g) 3.5.7 测量管理体系； h) 3.5.8 方针；
   i) 3.5.9 质量方针； j) 3.5.10 愿景；
   k) 3.5.11 使命； l) 3.5.12 战略。

6) 3.6 有关要求的术语(15个)。
   a) 3.6.1 客体； b) 3.6.2 质量；
   c) 3.6.3 等级； d) 3.6.4 要求；
   e) 3.6.5 质量要求； f) 3.6.6 法律要求；
   g) 3.6.7 法规要求； h) 3.6.8 产品技术状态信息；
   i) 3.6.9 不合格(不符合)； j) 3.6.10 缺陷；
   k) 3.6.11 合格(符合)； l) 3.6.12 能力；
   m) 3.6.13 可追溯性； n) 3.6.14 可信性；
   o) 3.6.15 创新。

7) 3.7 有关结果的术语(11个)。
   a) 3.7.1 目标； b) 3.7.2 质量目标；
   c) 3.7.3 成功； d) 3.7.4 持续成功；
   e) 3.7.5 输出； f) 3.7.6 产品；
   g) 3.7.7 服务； h) 3.7.8 绩效；

i) 3.7.9　风险；　　　　　　　　　　j) 3.7.10　效率；
　　　k) 3.7.11　有效性。

8) 3.8　有关数据、信息和文件的术语(15个)。
　　　a) 3.8.1　数据；　　　　　　　　　　b) 3.8.2　信息；
　　　c) 3.8.3　客观证据；　　　　　　　　d) 3.8.4　信息系统；
　　　e) 3.8.5　文件；　　　　　　　　　　f) 3.8.6　文件化信息；
　　　g) 3.8.7　规范；　　　　　　　　　　h) 3.8.8　质量手册；
　　　i) 3.8.9　质量计划；　　　　　　　　j) 3.8.10　记录；
　　　k) 3.8.11　项目管理计划；　　　　　 l) 3.8.12　验证；
　　　m) 3.8.13　确认；　　　　　　　　　 n) 3.8.14　技术状态纪实；
　　　o) 3.8.15　特定情况。

9) 3.9　有关顾客的术语(6个)。
　　　a) 3.9.1　反馈；　　　　　　　　　　b) 3.9.2　顾客满意；
　　　c) 3.9.3　投诉；　　　　　　　　　　d) 3.9.4　顾客服务；
　　　e) 3.9.5　顾客满意行为规范；　　　　f) 3.9.6　争议。

10) 3.10　有关特性的术语(7个)。
　　　a) 3.10.1　特性；　　　　　　　　　 b) 3.10.2　质量特性；
　　　c) 3.10.3　人为因素；　　　　　　　 d) 3.10.4　能力；
　　　e) 3.10.5　计量特性；　　　　　　　 f) 3.10.6　技术状态；
　　　g) 3.10.7　技术状态基线。

11) 3.11　有关确定的术语(9个)。
　　　a) 3.11.1　确定；　　　　　　　　　 b) 3.11.2　评审；
　　　c) 3.11.3　监视；　　　　　　　　　 d) 3.11.4　测量；
　　　e) 3.11.5　测量过程；　　　　　　　 f) 3.11.6　测量设备；
　　　g) 3.11.7　检验；　　　　　　　　　 h) 3.11.8　试验；
　　　i) 3.11.9　进展评价。

12) 3.12　有关措施的术语(10个)。
　　　a) 3.12.1　预防措施；　　　　　　　 b) 3.12.2　纠正措施；
　　　c) 3.12.3　纠正；　　　　　　　　　 d) 3.12.4　降级；
　　　e) 3.12.5　让步；　　　　　　　　　 f) 3.12.6　偏离许可；
　　　g) 3.12.7　放行；　　　　　　　　　 h) 3.12.8　返工；
　　　i) 3.12.9　返修；　　　　　　　　　 j) 3.12.10　报废。

13) 3.13　有关审核的术语(17个)。
　　　a) 3.13.1　审核；　　　　　　　　　 b) 3.13.2　多体系审核；
　　　c) 3.13.3　联合审核；　　　　　　　 d) 3.13.4　审核方案；
　　　e) 3.13.5　审核范围；　　　　　　　 f) 3.13.6　审核计划；
　　　g) 3.13.7　审核准则；　　　　　　　 h) 3.13.8　审核证据；
　　　i) 3.13.9　审核发现；　　　　　　　 j) 3.13.10　审核结论；
　　　k) 3.13.11　审核委托方；　　　　　　l) 3.13.12　受审核方；

m)3.13.13 向导； n)3.13.14 审核组；
o)3.13.15 审核员； p)3.13.16 技术专家；
q)3.13.17 观察员。

(4)术语的定义将在标准中相关术语中介绍。

第四节 组 织 环 境

【标准要求】

> **4.1 理解组织及其环境**
>
> 组织应确定与其宗旨和战略方向相关并影响其实现质量管理体系预期结果的能力的各种外部和内部因素。
>
> 组织应对这些外部和内部因素的相关信息进行监视和评审。
>
> 注1：这些因素可能包括需要考虑的正面和负面要素或条件。
>
> 注2：考虑来自于国际、国内、地区或当地的各种法律法规、技术、竞争、市场、文化、社会和经济环境的因素，有助于理解外部环境。
>
> 注3：考虑与组织的价值观、文化、知识和绩效等有关的因素，有助于理解内部环境。

【相关术语/词语】

(1)理解：顺着脉理或条理进行剖析，从道理上了解。简意为了解、明白。

(2)3.2.1 组织 organization。

为实现目标(3.7.1)，由职责、权限和相互关系构成自身职能的一个人或一组人。

注1：组织的概念包括，但不限于代理商、公司、集团、商行、企事业单位、行政机构、合营公司、社团(3.2.8)、慈善机构或研究机构，或上述组织的部分或组合，无论是否为法人组织，公有的或私有的。

注2：这是 ISO/IEC 导则 第1部分的 ISO 补充规定的附件 SL 中给出的 ISO 管理体系标准中的通用术语及核心定义之一，最初的定义已经通过修改注1被改写。

(3)确定：固定，明确肯定。

(4)3.2.2 组织环境 context of the organization。

对组织(3.2.1)建立和实现目标(3.7.1)的方法有影响的内部和外部因素的组合。

注1：组织的目标可能涉及其产品(3.7.6)和服务(3.7.7)、投资和对其相关方(3.2.3)的行为。

注2：组织环境的概念，除了适用于营利性组织，还同样能适用于非营利或公共服务组织。

注3：在英语中，这一概念常被其他术语，如："business environment""organizational environment"或"ecosystem of an organization"所表述。

注4：了解基础设施(3.5.2)对确定组织环境会有帮助。

(5)3.7.1 目标 objective。

要实现的结果。

注1：目标可以是战略的、战术的或操作层面的。

注2：目标可以涉及不同的领域（如：财务的、职业健康与安全的和环境的目标），并可应用于不同的层次（如：战略的、组织(3.2.1)整体的、项目(3.4.2)的、产品(3.7.6)和过程(3.4.1)的）。

注3：可以采用其他的方式表述目标，例如：采用预期的结果、活动的目的或运行准则作为质量目标(3.7.2)，或使用其他有类似含意的词（如：目的、终点或指标）。

注4：在质量管理体系(3.5.4)环境中，组织(3.2.1)制定的质量目标(3.7.2)与质量方针(3.5.9)保持一

致,以实现特定的结果。

注5:这是 ISO/IEC 导则 第1部分的 ISO 补充规定的附件 SL 中给出的 ISO 管理体系标准中的通用术语及核心定义之一。原定义已通过修改注2被改写。

(6)3.5.12　战略　strategy。

实现长期或总目标(3.7.1)的计划。

(7)3.5.4　质量管理体系　quality management system。

管理体系(3.5.3)中关于质量(3.6.2)的部分。

(8)3.11.3　监视　monitoring。

确定(3.11.1)体系(3.5.1)、过程(3.4.1)、产品(3.7.6)、服务(3.7.7)或活动的状态。

注1:确定状态可能需要检查、监督或密切观察。

注2:通常,监视是在不同的阶段或不同的时间,对客体(3.6.1)状态的确定。

注3:这是 ISO/IEC 导则 第1部分的 ISO 补充规定的附件 SL 中给出的 ISO 管理体系标准中的通用术语及核心定义之一,最初的定义和注1已经被修订,并增加了注2。

(9)3.11.2　评审　review。

对客体(3.6.1)实现所规定目标(3.7.1)的适宜性、充分性或有效性(3.7.11)的确定(3.11.1)。

示例:管理评审、设计和开发(3.4.8)评审、顾客(3.2.4)要求(3.6.4)评审、纠正措施(3.12.2)评审和同行评审。

注:评审也可包括确定效率(3.7.10)。

【理解要求】

(1)本条款要求组织应确定与其宗旨和战略方向相关并影响其实现质量管理体系预期结果的能力的各种内、外部因素。并应监视和评审这些内、外部因素的相关信息。

(2)组织环境就是对组织建立和实现目标的方法有影响的内部和外部因素的组合,既然与其目标和战略方向相关,并影响其实现质量管理体系预期结果,组织就应该通过多种渠道获取并确定哪些是本组织相关的内部和外部因素。

(3)组织应该清楚内部和外部因素是不断变化的,因此组织应对这些内部和外部因素的相关信息进行监视和评审,从而重新确定。这是组织进行正确决策的基础。

【举例】

(1)组织的内部环境:考虑组织的价值观、文化、知识和绩效等相关因素。如:

1)组织总体表现,包括财务因素;

2)资源因素,包括基础设施、过程运行环境、组织的知识;

3)人力因素,例如人力能力、组织文化、劳务合同;

4)运营因素,例如过程、生产或交付能力、质量管理体系绩效、顾客评价;

5)组织治理,例如决策的规则和程序、组织架构等。

(2)组织的外部环境:考虑国际、国内、地区和当地的各种法律法规、技术、竞争、市场、文化、社会和经济因素。如:

1)宏观经济,例如货币兑换汇率预测、国家经济走向、通货膨胀预测、信贷可得性;

2)社会因素,例如本地失业率、安全感、教育水平、公共假日及工作时间;

3)政治因素,例如政治稳定性、公共投入、本地基础设施、国际贸易协议;

4)技术因素,例如领域科技、材料及设备、专利有效期、职业道德准则;

5) 竞争力,包括组织市场占有率、相似或可替代产品服务、市场领先者趋势、市场稳定性;

6) 环境因素,例如法律法规要求、包括环境法规及行为准则。

【审核要求】

(1)组织是否按本条款的要求确定了与其宗旨和战略方向相关并影响其实现质量管理体系预期结果的能力的各种内、外部因素,并且监视和评审这些内、外部因素的相关信息。

(2)一个组织的经营管理活动与其所处的行业地位、市场份额、顾客群、企业的发展阶段等因素密切相关,由于组织的环境的不确定性和受多种因素影响,客观上促使组织的管理层要做出审慎的分析,并在此基础上做出经营管理的决策。审核员在审核本条款要求时,应关注组织在建立、实施和保持质量管理体系时,是否确定了与其目标和战略方向相关并影响其实现质量管理体系预期结果的各种外部和内部因素,并对这些内部和外部因素的相关信息进行了监视和评审。

(3)通过与管理层的交流与沟通,了解组织是通过哪些方式了解和确定各种外部和内部因素,如何对这些内部和外部因素的相关信息进行了监视和评审的。

【标准要求】

> **4.2 理解相关方的需求和期望**
>
> 　　由于相关方对组织稳定提供符合顾客要求及适用法律法规要求的产品和服务的能力具有影响或潜在影响,因此,组织应确定:
>
> 　　a)与质量管理体系有关的相关方;
>
> 　　b)与质量管理体系有关的相关方的要求。
>
> 　　组织应监视和评审这些相关方的信息及其相关要求。

【相关术语/词语】

(1)理解:顺着脉理或条理进行剖析,从道理上了解。简意为了解、明白。

(2)3.2.3 相关方 interested party (stakeholder)。

可影响决策或活动、受决策或活动所影响,或自认为受决策或活动影响的个人或组织(3.2.1)。

示例:顾客(3.2.4)、所有者、组织(3.2.1)内的人员、供方(3.2.5)、银行、监管者、工会、合作伙伴以及可包括竞争对手或反压力集团的社会群体。

注:这是 ISO/IEC 导则 第1部分的 ISO 补充规定的附件 SL 中给出的 ISO 管理体系标准中的通用术语及核心定义之一,最初的定义已经通过增加示例被修订。

(3)需求:索取,求索,需要,要求。购买商品的愿望和能力。经济学中需求是在一定的时期,在一既定的价格水平下,消费者愿意并且能够购买的商品数量。

(4)期望:希望,等待。

(5)3.2.4 顾客 customer。

能够或实际接受为其提供的,或按其要求提供的产品(3.7.6)或服务(3.7.7)的个人或组织(3.2.1)

示例:消费者、委托人、最终使用者、零售商、内部过程(3.4.1)的产品或服务的接收人、受益者和采购方。

注：顾客可以是组织内部的或外部的。

(6) 3.6.4 要求 requirement。

明示的、通常隐含的或必须履行的需求或期望。

注1："通常隐含"是指组织(3.2.1)和相关方(3.2.3)的惯例或一般做法，所考虑的需求或期望是不言而喻的。

注2：规定要求是经明示的要求，如：成交信息(3.8.6)中阐明。

注3：特定要求可使用限定词表示，如：产品(3.7.6)要求、质量管理(3.3.4)要求、顾客(3.2.4)要求、质量要求(3.6.5)。

注4：要求可由不同的相关方或组织自己提出。

注5：为实现较高的顾客满意(3.9.2)，可能有必要满足那些顾客既没有明示，也不是通常隐含或必须履行的期望。

注6：这是 ISO/IEC 导则 第1部分的 ISO 补充规定的附件 SL 中给出的 ISO 管理体系标准中的通用术语及核心定义之一，最初的定义已经通过增加注3至注5被改写。

(7) 3.7.6 产品 product。

在组织和顾客(3.2.4)之间未发生任何交易的情况下，组织(3.2.1)能够产生的输出(3.7.5)。

注1：在供方(3.2.5)和顾客之间未发生任何必要交易的情况下，可以实现产品的生产。但是，当产品交付给顾客时，通常包含服务(3.7.7)因素。

注2：通常，产品的主要特征是有形的。

注3：硬件是有形的，其量具有计数的特性(3.10.1)(如：轮胎)。流程性材料是有形的，其量具有连续的特性(如：燃料和软饮料)。硬件和流程性材料经常被称为货物。软件由信息(3.8.2)组成，无论采用何种介质传递(如：计算机程序、移动电话应用程序、操作手册、字典、音乐作品版权、驾驶执照)。

(8) 3.7.7 服务 service。

至少有一项活动必须在组织(3.2.1)和顾客(3.2.4)之间进行的组织的输出(3.7.5)。

注1：通常，服务的主要要素是无形的。

注2：通常，服务包含与顾客在接触面的活动，除了确定顾客的要求(3.6.4)以提供服务外，可能还包括与顾客建立持续的关系，如：银行、会计师事务所，或公共组织(如：学校或医院)等。

注3：服务的提供可能涉及，例如：

——在顾客提供的有形产品(3.7.6)(如需要维修的汽车)上所完成的活动。

——在顾客提供的无形产品(如为准备纳税申报单所需的损益表)上所完成的活动。

——无形产品的交付(如知识传授方面的信息(3.8.2)提供)。

——为顾客创造氛围(如在宾馆和饭店)。

注4：通常，服务由顾客体验。

(9) 3.11.3 监视 monitoring。

确定(3.11.1)体系(3.5.1)、过程(3.4.1)、产品(3.7.6)、服务(3.7.7)或活动的状态。

注1：确定状态可能需要检查、监督或密切观察。

注2：通常监视是在不同的阶段或不同的时间，对客体(3.6.1)状态的确定。

注3：这是 ISO/IEC 导则 第1部分的 ISO 补充规定的附件 SL 中给出的 ISO 管理体系标准中的通用术语及核心定义之一，最初的定义和注1已经被改写，并增加了注2。

(10) 3.11.2 评审 review。

客体(3.6.1)实现所规定目标(3.7.1)的适宜性、充分性或有效性(3.7.11)的确定(3.11.1)。

示例：管理评审、设计和开发(3.4.8)评审、顾客(3.2.4)要求(3.6.4)评审、纠正措施(3.12.2)评审和同行评审。

注：评审也可包括确定效率(3.7.10)。

【理解要求】

(1)本条款要求组织应确定与质量管理体系有关的相关方及其要求,并应监视和评审这些相关方的信息及其相关要求。

(2)识别相关方是理解组织环境这一过程的组成部分。组织的生存客观上离不开相关方,"共生"是永恒的自然生存法则。组织的相关方很多,但对组织持续提供符合顾客要求和适用法律法规要求的产品和服务的能力产生影响或潜在影响的相关方,组织应确定为与质量管理体系有关的相关方,并对这些相关方的要求也应进行确定。

(3)组织应该清楚相关方及其要求是不断变化的,因此组织应对这些相关方及其要求的信息进行监视和评审,从而重新确定。这也是组织进行正确决策的基础。

【举例】

(1)组织的相关方：
　1)顾客；
　2)最终用户或受益人；
　3)业主、股东；
　4)银行；
　5)外部供方；
　6)雇员及其他为组织工作人员；
　7)法律法规及监管机关；
　8)地方社区团体；
　9)非政府组织等。

(2)组织相关方的要求表现在很多方面,例如：
　1)顾客对产品和服务的要求；
　2)已与顾客或外部供方达成的合同；
　3)行业规范及标准；
　4)许可、执照或其他授权形式；
　5)条约、公约及草案；
　6)和公共机构及顾客的协议；
　7)组织合同承担的义务等。

(3)可以通过以下方面作为确定相关方的准则：
　1)对组织绩效或决策的潜在影响和损害；
　2)相关方产生风险及机遇的能力；
　3)对组织决策或活动影响的能力。

(4)可以通过下列方式了解相关方的需求和期望：
　1)头脑风暴；
　2)网络和面对面沟通；
　3)水平对比；
　4)主动调查；
　5)监视顾客需求、期望及满意度。

【审核要求】

(1)组织是否按本条款的要求确定了与质量管理体系有关的相关方及其要求,并且监视和评审了这些相关方的信息及其相关要求。

(2)审核员在审核本条款要求时,应关注组织在建立、实施和保持质量管理体系时,确定了哪些对组织持续提供符合顾客要求和适用法律法规要求的产品和服务的能力产生影响或潜在影响的相关方,确定了相关方的哪些要求。

(3)通过与管理层的交流与沟通,了解组织是通过哪些方法确定相关方,是否建立了确定相关方的准则,通过哪些活动了解相关方的需求和期望,如何对这些相关方及其要求的相关信息进行了监视和评审的。

【标准要求】

> **4.3 确定质量管理体系的范围**
>
> 组织应确定质量管理体系的边界和适用性,以确定其范围。
>
> 在确定范围时,组织应考虑:
>
> a)4.1中提及的各种外部和内部因素;
>
> b)4.2中提及的相关方的要求;
>
> c)组织的产品和服务。
>
> 如果本标准的全部要求适用于组织确定的质量管理体系范围,组织应实施本标准的全部要求。
>
> 组织的质量管理体系范围应作为成文信息,可获得并得到保持。该范围应描述所覆盖的产品和服务类型,如果组织确定本标准的某些要求不适用于其质量管理体系范围,应说明理由。
>
> 只有当所确定的不适用的要求不影响组织确保其产品和服务合格的能力或责任,对增强顾客满意也不会产生影响时,方可声称符合本标准的要求。

【相关术语/词语】

(1)确定:固定,明确肯定。

(2)范围:指界限,限制,一定的时空间限定,上下四周的界限。

(3)质量管理体系的范围:通常是指组织的产品和服务及其所涉及的实际位置、组织单元、活动、过程和适用的质量管理体系的要求。

(4)3.8.6 成文信息 documented information。

组织(3.2.1)需要控制和保持的信息(3.8.2)及其载体。

注1:成文信息可以任何格式和载体存在,并可来自任何来源。

注2:成文信息可涉及:

——管理体系(3.5.3),包括相关过程(3.4.1);

——为组织运行产生的信息(一组文件);

——结果实现的证据[记录(3.8.10)]。

注3:这是ISO/IEC导则 第1部分的ISO补充规定的附件SL中给出的ISO管理体系标准中的通用术语及核心定义之一。

【理解要求】

(1)本条款要求组织应确定质量管理体系的边界和适用性,以确定其范围。质量管理体系的范围通常是指组织的产品和服务及其所涉及的实际位置、组织单元、活动、过程和适用的质量管理体系的要求。

(2)对于本标准中适用于组织确定的质量管理体系范围的全部要求,组织应予以实施。若组织认为其质量管理体系的应用范围不适用本标准的某些要求,应说明理由。不管什么理由也不能影响组织确保产品和服务合格以及增强顾客满意的能力或责任。

(3)确定范围时,组织先考虑组织的产品和服务,同时也要考虑标准条款4.1和4.2中确定的各种内部和外部因素和相关方的要求。具体体现在:

1)依据的管理体系标准;
2)覆盖的产品及服务;
3)过程、活动、场所;
4)所涉及的职能部门。

【举例】

(1)某皮鞋厂质量管理体系范围的描述:

本手册描述的质量管理体系要求适用于军用皮鞋、特种劳动保护鞋、各式民用系列皮鞋的开发、生产。

公司依据GB/T 19001—2016标准建立的质量管理体系应用其全部要求。

(2)某进出口公司质量管理体系范围的描述:粮油食品、土畜产品、五矿纺织、服装建材、轻工、有色金属、钢材、化工、药材、机械设备、仪器仪表的进出口业务和代理及其"三来一补"贸易的经营和服务。

(3)某重型机械公司质量管理体系范围的描述:冶金、锻压、真空、环保、润滑、电气控制及基础件的设计、开发、生产、安装和服务;精密钢管的生产。

(4)某机械公司质量管理体系范围的描述:电气化铁路接触网零部件的设计、开发、生产。

(5)某化工厂质量管理体系范围的描述:HFC−134a制冷剂的设计、开发、生产。

(6)某电气有限公司质量管理体系范围的描述:电气电子产品、软件开发和电气自动化工程设计、开发、生产、安装和服务。

【审核要求】

(1)组织是否按本条款的要求确定了质量管理体系的边界和适用性,并确定了其范围。

(2)审核员在审核本条款要求时,应该分清认证范围与审核范围的联系:依据组织提出的申请认证范围来确定具体的审核范围,根据已审核的范围及审核结论,确定与批准最终的认证范围。而组织确定的质量管理体系的范围可以比认证范围大(或相同),但不能小。因为有的组织的某些产品(或部门)按质量管理体系要求运行,但不列入质量管理体系认证范围内。

(3)审核员在审核本条款要求时,同时也应该分清认证范围与审核范围的区别,见表2−2。某一次具体审核的审核范围不一定完全一致。例如监督审核的审核范围所包括的内容通常可能少于认证范围所涉及的内容;对于多场所的组织,由于可以在一定的原则下进行抽样,一次具体审核的审核范围可以覆盖部分场所,而认证范围则包括申请认证的所有审核。

表 2-2 审核范围和认证范围的区别

	审核范围	认证范围
目的和作用	界定一次具体审核的内容的界限,用于指导一次具体审核活动的实施	界定受审核方的认证范围,用于认证注册的目的
内容	一次具体审核范围包括的实际位置、组织单元、活动和过程及所覆盖的时期等更加全面与详细的表述	认证所依据的管理体系标准和所覆盖的产品、过程、活动、场所的概述
使用者	审核组	认证机构和获证组织

(4)审核员应关注组织是否将确定的质量管理体系范围保持了成文信息,成文信息中是否包括了不适用条款的理由说明等。

【标准要求】

> **4.4 质量管理体系及其过程**
> **4.4.1** 组织应按照本标准的要求,建立、实施、保持和持续改进质量管理体系,包括所需过程及其相互作用。
> 　　组织应确定质量管理体系所需的过程及其在整个组织中的应用,且应:
> 　　a)确定这些过程所需的输入和期望的输出;
> 　　b)确定这些过程的顺序和相互作用;
> 　　c)确定和应用所需的准则和方法(包括监视、测量和相关绩效指标),以确保这些过程的有效运行和控制;
> 　　d)确定这些过程所需的资源并确保其可获得;
> 　　e)分配这些过程的职责和权限;
> 　　f)按照6.1的要求应对风险和机遇;
> 　　g)评价这些过程,实施所需的变更,以确保实现这些过程的预期结果;
> 　　h)改进过程和质量管理体系。
> **4.4.2** 在必要的范围和程度上,组织应:
> 　　a)保持成文信息以支持过程运行;
> 　　b)保留成文信息以确信其过程按策划进行。

【相关术语/词语】

　　(1)3.5.4　质量管理体系　quality management system。
　　管理体系(3.5.3)中关于质量(3.6.2)的部分。
　　(2)3.4.1　过程　process。
　　利用输入实现预期结果的相互关联或相互作用的一组活动。
　　注1:过程的"预期结果"称为输出(3.7.5),还是称为产品(3.7.6)或服务(3.7.7),随相关语境而定。
　　注2:一个过程的输入通常是其他过程的输出,而一个过程的输出又通常是其他过程的输入。
　　注3:两个或两个以上相互关联和相互作用的连续过程也可作为一个过程。
　　注4:组织(3.2.1)通常对过程进行策划,并使其在授控条件下运行,以增加价值。
　　注5:不易或不能经济地确认其输出是否合格(3.6.11)的过程,通常称之为"特殊过程"。

注6：这是ISO/IEC导则 第1部分的ISO补充规定的附件SL中给出的ISO管理体系标准中的通用术语及核心定义之一，最初的定义已经被改写，以避免过程和输出之间循环解释，并增加了注1至注5。

（3）建立：设置、设立、制定、订立。

（4）实施：实际的行为、实践、实际施行。

（5）保持：保留或维持（原状），保全，保护使不受损害。

（6）3.3.2 持续改进 continual improvement。

提高绩效(3.7.8)的循环活动。

注1：为改进(3.3.1)制定目标(3.7.1)和寻找机会的过程(3.4.1)是一个通过利用审核发现(3.13.9)和审核结论(3.13.10)、数据分析(3.8.1)、管理(3.3.3)评审(3.11.2)或其他方法的持续过程，通常会产生纠正措施(3.12.2)或预防措施(3.12.1)。

注2：这是ISO/IEC导则 第1部分的ISO补充规定的附件SL中给出的ISO管理体系标准中的通用术语及核心定义之一，最初的定义已经通过增加注1被改写。

【理解要求】

（1）本条款要求要建立、实施、保持和持续改进质量管理体系的组织，应确定质量管理体系所需的过程及其在整个组织中的应用。

（2）本条款给出的是建立、实施、保持和持续改进质量管理体系有效性总的思路和要求，也是七项质量管理原则中的"过程方法"在质量管理体系中的具体应用。

（3）组织如何确定质量管理体系所需的过程及其在整个组织内的应用，至少应从以下8个方面予以考虑：

1) 不同行业、不同产品、不同生产规模的组织有着不同的过程，将与产品相关的过程充分识别，并确定这些过程所需的输入和期望的输出。

2) 确定这些顺序和相互作用。通常一个过程的输出将直接成为下一个过程的输入，为使过程有效运行，除了对过程进行识别之外，还应确定过程之间的内在联系和相互作用，并确定过程的接口关系和排列顺序。通常，流程图或过程描述是识别过程顺序的较好方法。

3) 确定为确保这些过程的有效运行和控制所需的准则和方法，在识别和确定过程及其接口关系后，就要确定确保过程有效运行和控制的准则和方法。准则，即每个过程应符合的要求或过程标准；方法，即如何运行，如何测量的规定或程序。

4) 任何过程的运行都是需要提供资源作支承的，应确定并确保获得这些过程所需的资源。资源应包括资金、人力、必要的基础设施、运行环境、监视和测量资源及组织的知识等。

5) 规定与这些过程相关的责任和权限，这是2016版标准新的要求。

6) 应按照标准6.1条款的要求确定的风险和机遇，这也是2016版标准新的要求。

7) 评价这些过程，如有需要，则实施所需的变更，以确保实现这些过程的预期结果。

8) 实施必要的措施，以实现对这些过程的持续改进。

（4）为了支持过程运行，为了提供其过程按策划进行的证据，新版标准仍对保持与保留成文信息提出了要求。究竟保持和保留哪些成文信息，标准没有具体要求，由组织自行决定，这给组织增加了选择的自由度，但客观上给审核增加了难度，这是对审核员的考验。

（注：环境管理体系中没有4.4.2条保持、保留文件化信息的要求。）

【举例】

(1)某组织产品生产过程的策划(见表2-3)。

表2-3 某组织产品生产过程的策划

责任单位	流程图	形成文件的信息
技术工艺部	产品生产过程策划与设计 ⇩	质量控制计划 工艺卡片 工装图
生产部	编制生产计划并下达 ⇩	年度、月生产计划 生产安排通知单 专项生产计划 生产调试指令单
各相关职能部门 各生产车间	生产准备 ⇩	生产准备检查记录
采购供应部	采购物资 ⇩	采购明细清单
技术工艺部	技术支持和现场服务 ⇩	技术文件发放台账 技术文件更改通知单
各生产车间	检修设备 消化工艺等生产准备 ⇩	设备维修记录 技术文件接受台账

续 表

责任单位	流程图	形成文件的信息
生产部 技术工艺部 质量检验部	生产过程的检查 ⇩	各种检查记录
各生产车间	产品加工及生产过程展开 ⇩	产品标识卡 设备点检卡 各种检验记录 交接班记录等运行记录
质量管理部 各生产车间	生产过程的质量控制 ⇩	首、末件质量检查记录 零件质量控制图 装配质量跟踪卡
各生产车间	质量改进	纠正措施计划 预防措施计划

(2)某组织售后服务部业务过程策划(见图2-1)。

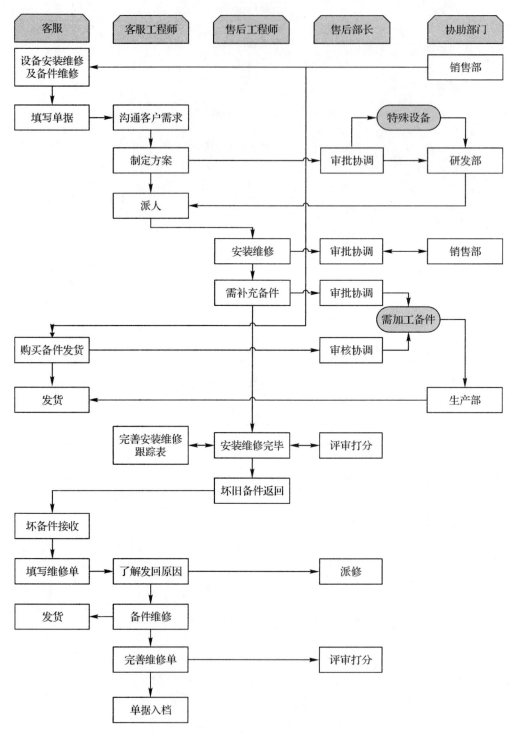

图2-1 售后服务部业务过程策划

业务过程策划流程详解见表2-4。

表2-4 售后服务部业务过程详解

售后部工作流程	内容注释	责任部门
1. 设备安装维修及备件维修	客户通知销售部需要安装维修设备或用户直接拨打400电话要求安装或报修设备。	销售部
2. 填写单据	由客服人员填写跟踪表并交于客服工程师	售后部
3. 沟通客户需求	由客服工程师与客户沟通具体内容。	售后部
4. 制定方案	客服工程师确定问题原因后,再决定如何处理并制定执行方案。	售后部
5. 审批协调	由售后部长审批执行方案是否可行	研发部
6. 派人	执行方案经售后部长审批后可派人上门查看	售后部 研发部
7. 安装维修	派售后工程师上门安装或维修	售后部
8. 审批协调	由售后部长协调派售后工程师上门	售后部
9. 需补充备件	在安装维修过程中如需补发配件,先与公司人员联系沟通所需要的货物。	生产部 售后部
10. 审批协调	由售后部长审批发货的型号、数量,再发货。	售后部
11. 购买备件发货	在维修过程中如需更换配件,配件属于易损类的,告知客户自行购买。	销售部
12. 审核协调	由售后部长审批客户的配件是否合理	售后部
13. 发货	由客服负责核对货物数量并发货。	生产部

续 表

售后部工作流程		内容注释	责任部门
14.	完善安装维修跟踪表	由客服工程师每日完善安装、维修跟踪表。	售后部
15.	安装维修完毕	安装维修完成后,售后部工程师抽时间将当天的工作内容以邮件形式反馈给公司领导。	售后部
16.	评审打分	客服工程师完善后的跟踪表由售后部长对维修人员的维修情况进行考量并打分。	售后部
17.	坏旧备件返回	返回的配件(坏旧)完好无损可入库,坏配件修好后入库。	售后部
18.	坏备件接收	客户寄回的坏备件先记录后维修。	售后部
19.	填写维修单	寄回的坏备件维修的,须填写维修单。	售后部
20.	了解发回原因	由客服工程师与客户电话了解返厂原因。	售后部
21.	派修	确定返厂维修原因后,安排人尽快维修。	售后部
22.	备件维修	备件维修完成后返回给客户	售后部
23.	发货	备件维修好后电话通知客户备件已修好并已发货,请留意查收。	售后部
24.	完善维修单	由客服工程师完善维修记录表	售后部
25.	评审打分	由售后部长对完善后的维修表进行审核打分	售后部
26.	单据入档	所有程序完成后跟踪表存入档案	售后部

(3)某组织餐饮服务过程策划(见图2-2和表2-5)。

表2-5 餐饮服务过程识别

过程输入： 餐饮服务规范； 就餐顾客的需求。	
过程活动流程图：见图2-2	涉及标准条款：8.1,8.3,8.5
过程输出： 规范餐饮服务工作，提高管理水平； 确保服务质量达到规定的要求，满足就餐顾客的需要； 提高顾客满意度。	
所使用的资源： 部门负责人、门迎、点菜员、服务员、厨师长及各类后厨人员、吧台服务员； 迎宾大厅、点菜机、餐厅及各种就餐用具、后厨及各种烹饪设备、吧台及结账出票设备等； 各种菜肴原材料、辅料及各种食材； 文件化信息：有关服务规范。	
相关过程： 员工培训程序； 采购程序； 设施设备维修程序。	

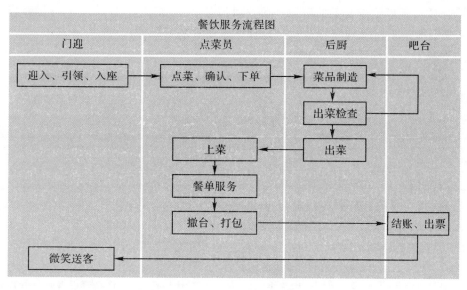

图2-2 餐饮服务流程图

【审核要求】
(1)组织是否按本条款的要求确定了质量管理体系所需的过程及其在整个组织中的应用。

审核员在审核本条款要求时，应关注组织是如何确定质量管理体系所需的过程及其在整个组织内的应用，确定的结果是用何种形式的媒体来体现。

(2)质量管理体系的建设是一项长期的工作。质量管理体系是一个不断发展的动态系统,因此质量管理体系本身应具有应变能力以适应变化的环境,审核员在审核本条款要求时,也应关注质量管理体系所需的过程及其在整个组织内的应用的变化。

(3)新版标准核心理念之一是过程方法,这是质量管理体系改进的驱动力,实施审核中应关注程序方法和过程方法的主要观念区别如下:

    1)程序方法:是以符合程序的方式完成任务,做被告知要做的事。

    2)过程方法:理解需求,寻找最佳方式实现需求;检查需求是否被满足,是否以最佳方式完成。

第五节 领 导 作 用

【标准要求】

> **5.1 领导作用和承诺**
>
> **5.1.1 总则**
>
> 最高管理者应通过以下方面,证实其对质量管理体系的领导作用和承诺:
>
> a)对质量管理体系的有效性负责;
>
> b)确保制定质量管理体系的质量方针和质量目标,并与组织环境相适应,与战略方向相一致;
>
> c)确保质量管理体系要求融入组织的业务过程;
>
> d)促进使用过程方法和基于风险的思维;
>
> e)确保质量管理体系所需的资源是可获得的;
>
> f)沟通有效的质量管理和符合质量管理体系要求的重要性;
>
> g)确保质量管理体系实现其预期结果;
>
> h)促使人员积极参与,指导和支持他们为质量管理体系的有效性做出贡献;
>
> i)推动改进;
>
> j)支持其他相关管理者在其职责范围内发挥领导作用。
>
> 注:本标准使用的"业务"一词可广义地理解为涉及组织存在目的的核心活动,无论是公有、私有、营利或非营利组织。

【相关术语/词语】

(1)总则:指规章条例最前面的概括性的条文。

(2)3.1.1 最高管理者 top management。

在最高层指挥和控制组织(3.2.1)的一个人或一组人。

注1:最高管理者在组织内有授权和提供资源的权力。

注2:如果管理体系(3.5.3)的范围仅覆盖组织的一部分,在这种情况下,最高管理者是指管理和控制组织的这部分的一个人或一组人。

注3:这是 ISO/IEC 导则 第1部分的 ISO 补充规定的附件 SL 中给出的 ISO 管理体系标准中的通用术语及核心定义之一。

(3)作用:作为,行为。对事物产生影响。

(4)承诺:对某项事务答应照办。

【理解要求】
(1)本条款要求最高管理者应通过其表现来证实其对质量管理体系的领导作用和承诺。
(2)本条款给出了最高管理者的领导作用和承诺在质量管理体系中的具体体现,应表现在以下10个方面。

1)对质量管理体系的有效性承担责任。

最高管理者是在最高层指挥和控制组织的人员,他们负责建立组织统一的目的和方向,确定组织的愿景和质量策略,理所当然对质量管理体系的有效性承担责任。

2)确保制定质量管理体系的质量方针和质量目标,并与组织环境和战略方向相一致。

最高管理者应通过充分的调研与认真思考,确保建立与组织战略方向一致并与组织环境相容的质量方针,应能体现组织在其经营的内外部因素的背景下对过程、产品和服务的质量方面的追求,并能够支持组织实现战略方向;同时在相关职能和层次上建立与质量方针相一致的质量目标,质量目标体现组织的过程、产品和服务的质量特性满足要求方面的内容。

3)确保质量管理体系要求融入组织的业务过程。

最高管理者应指挥和参与组织质量管理体系的策划,使其以业务需求为驱动,以实现期望的业务结果、满足顾客要求和法律法规要求为导向,体现组织业务生命周期过程的性质和特点。组织的业务过程不同,其质量管理体系的策划也应不同,这种差异将体现在各过程的输入输出呈现形式的差异以及控制方式的差异上。

4)促进使用过程方法和基于风险的思维。

最高管理者应采取措施,提供培训机会,指导和帮助员工学习和掌握过程方法应用的知识、技能和工具,学习和掌握风险管理的原理、知识、技能和工具,将过程方法的使用和风险识别与管理系统地融入质量管理体系的结构中,不断推行该方法和该意识的教育,使过程方法的应用和基于风险的思维成为员工的工作习惯,成为组织的管理文化的一部分。

5)确保获得质量管理体系所需的资源。

最高管理者应确保获得质量管理体系所需的资源得到充分的识别、足够的提供,并得到适当的维持,以确保质量管理体系运行的需要。

6)沟通有效的质量管理和符合质量管理体系要求的重要性。

最高管理者应确保质量管理体系过程接口设计合理并得到实施,明确沟通的权限及报告的关系,既有常态沟通机制,也有专项主题、非预期情景、紧急或突发情景下的沟通机制,以确保质量管理和符合质量管理体系要求的重要性得到有效沟通。

7)确保实现质量管理体系的预期结果。

最高管理者应确保质量管理体系的策划应适合于组织实现产品和服务的符合性、实现业务结果、满足顾客要求和法律法规要求的目的,应确保质量管理体系的关键过程、重要过程都得到有效运行,并建立有效的机制,监视测量、改进质量管理体系的绩效,确保其能够持续地实现预期结果。

8)促使、指导和支持员工努力提高质量管理体系的有效性。

最高管理者应按照质量管理体系过程的性质和特点,合理设置岗位并配置满足该岗位能力需求的人员,最高管理者应建立有效机制和创建良好的环境,为各类人员提供充分必要的知识与技能方面的指导、培训、技术、工具等资源方面的支持,使员工知道如何也愿意为质量管理体系的有效性作贡献。

9)推动改进。

最高管理者应认识到改进过程是组织质量管理体系中构成部分,应为改进过程的有效执行提供充分必要的支持,例如提供学习质量改进工具机会,运用质量改进工具方法,实施某些过程的改进。

10)支持其他管理者履行其相关领域的职责。

各个组织单元范围内的质量管理体系有效运行,是组织整体质量管理体系有效运行的充分条件。而各个组织单元范围内的管理者所发挥的领导作用,是组织整体质量管理体系实施、保持和持续改进的必要条件。最高管理者应确保其他管理者在其职责范围内发挥领导作用给予充分必要的授权,提供充分必要的资源。

【举例】

(1)与标准该条要求可能开展的活动。
1)在整个组织内,就其使命、愿景、战略、方针和过程进行沟通;
2)在组织的所有层级创建并保持共同的价值观、公平和道德的行为模式;
3)培育诚信和正直的文化;
4)鼓励在整个组织范围内履行对质量的承诺;
5)确保各级领导者成为组织人员中的楷模;
6)为人员提供履行职责所需的资源、培训和权限;
7)激发、鼓励和表彰人员的贡献。

(2)与标准该条要求所进行的相关活动其典型输出可能包括:
1)最高管理者行为、态度和决定的一致性;
2)最高管理者对待质量管理体系日常的态度;
3)最高管理者在质量管理体系运行过程中以身作则的行为;
4)最高管理者对质量管理体系的书面承诺;
5)组织有效的内部沟通;
6)组织质量管理体系绩效结果。

【审核要求】

(1)最高管理者是否按本标准的10个方面要求来证实其对质量管理体系的领导作用和承诺。

(2)审核员审核本条款要求没有整齐划一的方法和方式,但通过与最高管理者的交谈,听取最高管理者对于如何实践本条款要求的直接解释是一条便捷的途径。

(3)审核员还可以通过审核各个职能部门,在获得各类信息综合评价后,得出最高管理者在质量管理体系的领导作用和承诺是如何体现的结论。

【标准要求】

> **5.1.2 以顾客为关注焦点**
>
> 最高管理者应通过确保以下方面,证实其以顾客为关注焦点的领导作用和承诺:
> a)确定、理解并持续地满足顾客要求以及适用的法律法规要求;

b) 确定和应对风险和机遇,这些风险和机遇可能影响产品和服务合格以及增强顾客满意的能力;

c) 始终致力于增强顾客满意。

【相关术语/词语】

(1) 3.2.4 顾客 customer。

能够或实际接受为其提供的,或按其要求提供的产品(3.7.6)或服务(3.7.7)的个人或组织(3.2.1)。

示例:消费者、委托人、最终使用者、零售商、内部过程(3.4.1)的产品或服务的接收人、受益者和采购方。

注:顾客可以是组织内部的或外部的。

(2) 以顾客为关注焦点:其含义是组织依存于其顾客。因此,组织应理解顾客当前的和未来的需求,满足顾客要求并争取超越顾客期望。

焦点在物理学上指平行光线经反射(或折射)后,反射(或折射)光线的相交点叫焦点。现在焦点多引申为人们对重大事件、国家政策、新闻事件以及人物等的关注集中点。

(3) 确定:固定,明确肯定。

(4) 理解:顺着脉理或条理进行剖析,从道理上了解。简意为了解、明白。

(5) 3.6.4 要求 requirement。

明示的、通常隐含的或必须履行的需求或期望。

注1:"通常隐含"是指组织(3.2.1)和相关方(3.2.3)的惯例或一般做法,所考虑的需求或期望是不言而喻的。

注2:规定要求是经明示的要求,如:成交信息(3.8.6)中阐明。

注3:特定要求可使用限定词表示,如:产品(3.7.6)要求、质量管理(3.3.4)要求、顾客(3.2.4)要求、质量要求(3.6.5)。

注4:要求可由不同的相关方或组织自己提出。

注5:为实现较高的顾客满意(3.9.2),可能有必要满足那些顾客既没有明示,也不是通常隐含或必须履行的期望。

注6:这是 ISO/IEC 导则 第1部分的 ISO 补充规定的附件 SL 中给出的 ISO 管理体系标准中的通用术语及核心定义之一,最初的定义已经通过增加注3至注5被改写。

(6) 3.7.6 产品 product。

在组织和顾客(3.2.4)之间未发生任何交易的情况下,组织(3.2.1)能够产生的输出(3.7.5)。

注1:在供方(3.2.5)和顾客之间未发生任何必要交易的情况下,可以实现产品的生产。但是,当产品交付给顾客时,通常包含服务(3.7.7)因素。

注2:通常,产品的主要要素是有形的。

注3:硬件是有形的,其量具有计数的特性(3.10.1)(如:轮胎)。流程性材料是有形的,其量具有连续的特性(如:燃料和软饮料)。硬件和流程性材料经常被称为货物。软件由信息(3.8.2)组成,无论采用何种介质传递(如:计算机程序、移动电话应用程序、操作手册、字典、音乐作品版权、驾驶执照)。

(7) 3.7.7 服务 service。

至少有一项活动必须在组织(3.2.1)和顾客(3.2.4)之间进行的组织的输出(3.7.5)。

注1:通常,服务的主要要素是无形的。

注2:通常,服务包含与顾客在接触面的活动,除了确定顾客的要求(3.6.4)以提供服务外,可能还包括与顾客建立持续的关系,如:银行、会计师事务所,或公共组织(如:学校或医院)等。

注3:服务的提供可能涉及,例如:
——在顾客提供的有形产品(3.7.6)(如需要维修的汽车)上所完成的活动。
——在顾客提供的无形产品(如为准备纳税申报单所需的损益表)上所完成的活动。
——无形产品的交付(如知识传授方面的信息(3.8.2)提供)。
——为顾客创造氛围(如在宾馆和饭店)。
注4:通常,服务由顾客体验。

(8)应对:采取措施,对策以应付出现的情况。

(9)3.7.9　风险　risk。

不确定性的影响。

注1:影响是指偏离预期,可以是正面的或负面的。
注2:不确定性是一种对某个事件,或是事件局部的结果或可能性缺乏理解或知识方面的信息(3.8.2)的状态。
注3:通常,风险是通过有关可能事件(GB/T 23694—2013中的定义,4.5.1.3)和后果(GB/T 23694—2013中的定义,4.6.1.3)或两者组合来描述其特性的。
注4:通常,风险是以某个事件的后果(包括情况的变化)及其发生的可能性(GB/T 23694—2013中的定义,4.6.1.1)的组合来表述的。
注5:"风险"一词有时仅在有负面后果的可能性时使用。
注6:这是ISO/IEC导则 第1部分的ISO补充规定的附件SL中给出的ISO管理体系标准中的通用术语及核心定义之一,最初的定义已经通过增加注5被改写。

(10)风险与机遇(E):潜在的不利影响(威胁)和潜在的有利影响(机遇)。

(11)3.9.2　顾客满意　customer satisfaction。

顾客(3.2.4)对其期望已被满足程度的感受。

注1:在产品(3.7.6)或服务(3.7.7)交付之前,组织(3.2.1)有可能不了解顾客的期望,甚至顾客也在考虑之中。为了实现较高的顾客满意,可能有必要满足那些顾客既没有明示,也不是通常隐含或必须履行的期望。
注2:投诉(3.9.3)是一种满意程度低的最常见的表达方式,但没有投诉并不一定表明顾客很满意。
注3:即使规定的顾客要求(3.6.4)符合顾客的愿望并得到满足,也不一定确保顾客很满意。

[源自:ISO 10004:2012,3.3,改写。注已被修改]

【理解要求】

(1)本条款要求最高管理者应通过标准要求的三个方面来证实其以顾客为关注焦点的领导作用和承诺。

(2)组织的生存和发展依存于顾客。因此,组织应当确定、理解并持续满足顾客要求以及适用的法律法规要求;理解顾客当前和未来的需求,满足顾客要求,并争取超越顾客期望,以增强顾客满意为目的。

(3)首先要识别和确定顾客要求,其次确定和控制所需要过程和资源,体现在设计、开发、采购、生产和服务等过程中,最终通过体系的运行及提供给顾客使用的产品,来达到满足顾客的要求。

(4)基于风险的思维方法,识别能够影响产品、服务符合性以及增强顾客满意能力的风险和机遇,确定并实施应对风险、机遇和措施,降低风险发生,提高机遇利用概率,实现期望结果。

【举例】
与标准该条要求可能开展的活动包括：
1）辨识从组织获得价值的直接和间接的顾客；
2）理解顾客当前和未来的需求和期望；
3）将组织的目标与顾客的需求和期望联系起来；
4）在整个组织内沟通顾客的需求和期望；
5）为满足顾客的需求和期望，对产品和服务进行策划、设计、开发、生产、交付和支持；
6）测量和监视顾客满意情况，并采取适当的措施；
7）在有可能影响到顾客满意的有关的相关方的需求和适宜的期望方面，确定并采取措施；
8）积极管理与顾客的关系，以实现持续成功。

【审核要求】
（1）最高管理者是否通过标准要求的三个方面来证实其以顾客为关注焦点的领导作用和承诺。

（2）"以顾客为关注焦点"是七项质量管理原则之一，质量管理的主要关注点是满足顾客要求并且努力超越顾客期望。组织只有赢得和保持顾客及其他有关的相关方的信任才能获得持续成功。与顾客相互作用的每个方面，都提供了为顾客创造更多价值的机会。了解组织是如何确定和理解顾客及其他相关方当前和未来的需求的。

（3）审核时应关注组织确定和应对能够影响产品、服务符合性以及增强顾客满意能力的风险和机遇的过程和方法是否行之有效，以解决风险或利用机会，使产品和服务符合要求并增强顾客满意。

（4）审核员还可通过审核本标准8.2.2、8.2.3、8.3.1以及9.1.2等条款，来综合评价组织最高管理者是否满足本条款的要求。

【标准要求】

> **5.2 方针**
> **5.2.1 制定质量方针**
> 最高管理者应制定、实施和保持质量方针，质量方针应：
> a）适应组织的宗旨和环境并支持其战略方向；
> b）为建立质量目标提供框架；
> c）包括满足适用要求的承诺；
> d）包括持续改进质量管理体系的承诺。

【相关术语/词语】
（1）3.5.8 方针 policy。
<组织>由最高管理者（3.1.1）正式发布的组织（3.2.1）的宗旨和方向。
注：这是ISO/IEC导则 第1部分的ISO补充规定的附件SL中给出的ISO管理体系标准中的通用术语及核心定义之一。

（2）制定：拟订；定出。
（3）实施：实际的行为、实践、实际施行。

(4)保持:保留或维持(原状),保全,保护使不受损害。

(5)3.5.9　质量方针　quality policy。

关于质量(3.6.2)的方针(3.5.8)。

注1：通常,质量方针与组织(3.2.1)的总方针相一致,可以与组织的愿景(3.5.10)和使命(3.5.11)相一致,并为制定质量目标(3.7.2)提供框架。

注2：本标准中提出的质量管理原则可以作为制定质量方针的基础。

【理解要求】

(1)本条款要求最高管理者应制定、实施和保持质量方针。

(2)质量方针是评价组织质量管理体系有效性的基础,必须由最高管理者制定,且最高管理者对质量方针的实现负责。

(3)对质量方针内容的要求:组织制定的质量方针应是"一个适应,一个框架,两项承诺"。

　　1)组织的宗旨除质量外,还会涉及环境、健康和安全、发展战略等方面,组织的质量方针应与这一宗旨相适应,不同的组织由于其规模复杂性、地理分布、主要产品和服务以及市场因素等的差异,质量方针也会各不相同。

　　2)质量方针应就质量目标的建立提供框架和基础,并为评价质量目标提供依据。

　　3)质量方针必须有组织满足适用要求和持续改进管理体系有效性的承诺。

(注：环境管理体系中的环境方针将二条要求合并为一条。)

【举例】

(1)西安某小区物业公司的质量方针是,"以业主为中心,有关法规为准绳,持续改进,增强业主满意；以优质的服务提升业主的生活质量,创造安全、温馨的居住环境。"

作为生活小区的物业管理公司,应确保所管理的物业小区的住房安全、生活方便等,其宗旨就是为业主提供优质的物业管理服务。质量方针中"以优质的服务提升业主的生活质量,创造安全,温馨的居住环境"反映了与组织的宗旨相适应。

生活小区居住人员繁杂,人员素质高低不一,所提出的要求也各不相同。物业公司在遵循有关物业管理法规的同时,也应满足业主合理的要求,质量方针中"以业主为中心,有关法规为准绳"反映了满足要求的承诺。

由于内、外部环境的变化,业主的要求也不断变化,只有持续改进工作,不断提高服务质量,才能不断增强业主满意。质量方针中"持续改进,增强业主满意"反映了持续改进的承诺。

从提供制定质量目标框架关系而言,持续改进的承诺,优质服务的承诺,就促使物业维修、安全、绿化、保洁等方面要制订持续改进的目标。

(2)某电子有限责任公司质量方针如下：

在目前激烈的市场经济情况下,尤其是我国加入世贸组织(WTO),这对我们公司是一个严峻的考验和一个很好的机遇。鉴于目前公司产品质量还存在着很多问题,经营效益较低,公司员工迫切需要改变公司现状。顾客需要优质价廉的产品,需要及时周到的服务。市场要求公司产品质量有一个大幅度的提升和改进。

根据公司产品在市场反映的实际情况,公司决定：动员全体员工团结一致,齐抓共建,通过质量管理体系的建立和运行,促进今通企业的发展。

我们要立足以质量取胜的基点,加强管理,做好售前、售中、售后服务,狠抓产品的更新换代,努力使我公司的产品质量再上一个新台阶。

本公司的质量方针：以优质的产品占领市场，以周到及时的服务使顾客满意，以持续改进和全员努力促进公司不断发展，使公司"今通"牌系列产品成为医疗器械行业消费者首选和信赖品牌。

为了便于员工记忆，质量方针简化为：靠质量占领市场、靠服务取信顾客、靠改进持续发展、靠员工实现腾飞。

为了便于员工理解，质量方针内涵如下：

一、靠质量占领市场

全体员工应牢记"质量是今通腾飞的灵魂"的质量理念，并将其贯彻到质量工作的各个环节中去。

1. 树立精品意识，扎扎实实的提高产品的实物质量。
2. 完善质量体系，严格考核制度，使管理责任和操作责任得到全面强化。
3. 抓好办公场所及生产区场所的管理，为提高质量创造一个好的工作环境。
4. 严格产品检验、试验制度，不合格品坚决不出厂。

二、靠服务取信顾客

1. 首先树立"做得比顾客期望的更好"的服务理念。
2. 主动并多征询顾客的意见和建议，明确界定并千方百计地满足顾客的要求。
3. 准时交货、售前、售中、售后服务达到相当专业水准。
4. 接受投诉及时回应，使顾客的问题迅速得到妥善解决，并做出纠正和预防措施。

三、靠改进持续发展

1. "以变应变"，针对市场变化，不断寻求方法，塑造良好企业形象，提高品牌知名度。
2. 学习和借鉴同行经验，充分利用现代高科技手段，攻克技术难题，大幅度提高有关专业水平。
3. 积极采用新技术、新工艺、新材料，改进产品。
4. 系统进行内审。改进流程、制度、环境设施、设备、技术等，增强企业实力。

四、靠员工实现腾飞

1. 各级员工都是公司之本，只有员工的充分参与，才能使员工的才干为公司带来收益。
2. 加强员工培训，增强质量意识，实施严格管理，确保每个岗位对公司方针目标的贡献。
3. 尊重人、用好人、管好人，形成"讲团结、干实事、比贡献"的工作氛围，并尽量满足员工的需要。
4. 遵章守纪，敬业爱岗，实干合作，日清日高。

(3)某防水工程有限公司的质量方针如下：

滴水不漏，精选细作，构作行业名企；

遵纪守法，持续改进，确保顾客满意。

【审核要求】

(1)最高管理者是否本条款要求制定、实施和保持了质量方针。

(2)最高管理者应依据组织的战略方向，充分考虑影响组织运营的内、外部的环境因素，考虑相关方及其要求，针对组织的过程、产品和服务的性质和特点，在识别风险和机遇的基础上，制订具有本组织特点的质量方针。

(3)质量方针内容是否符合本标准提出的"一个适应，一个框架，两项承诺"要求。

【标准要求】

> **5.2.2 沟通质量方针**
>
> 质量方针应：
> a) 可获取并保持成文信息；
> b) 在组织内得到沟通、理解和应用；
> c) 适宜时，可为有关相关方所获取。

【相关术语/词语】

(1) 沟通：本指开沟以使两水相通。后用以泛指使两方相通连，也指疏通彼此的意见。这里是人与人之间的信息交流。

(2) 3.5.9　质量方针　quality policy。

关于质量(3.6.2)的方针(3.5.8)。

注1：通常，质量方针与组织(3.2.1)的总方针相一致，可以与组织的愿景(3.5.10)和使命(3.5.11)相一致，并为制定质量目标(3.7.2)提供框架。

注2：本标准中提出的质量管理原则可以作为制定质量方针的基础。

(3) 获得：得到；取得。

(4) 保持：保留或维持(原状)，保全，保护使不受损害。

(5) 理解：顺着脉理或条理进行剖析，从道理上了解。简意为了解、明白。

(6) 应用：
　　1) 适应需要，以供使用；
　　2) 使用。

【理解要求】

(1) 本条款要求组织按标准三个方面的要求沟通质量方针，这是对组织如何管理质量方针提出的要求。

(2) 质量方针应作为成文信息以正式的形式表述、发布、管理和维护，通过有效的渠道和方式与组织内的各级员工进行沟通，使员工理解质量方针并应用于工作中。适宜时，也应使有关相关方能获得质量方针。

(3) 质量方针文件可根据组织的习惯考虑以任何介质和方式发布，包括纸介质、电子版、网络共享平台等。

【举例】

(1) 某公司的质量方针是在公司管理手册中描述的。管理手册分为纸质版文件和电子版文件两种方式；纸质版文件每一个职能部门一份，由文件主管部门统一发放；电子版文件在公司网络共享平台发布，只可阅读，不能编辑和拷贝。

(2) 某公司的质量方针与公司的环境方针及职业健康安全方针一起制成了大广告牌，竖立在公司大门口，让相关方都可看到。

(3) 某公司按"三标"建立管理体系后，给有关相关方写了一封公开信，上面通告了质量方针及质量目标等有关内容。

【审核要求】

(1) 组织是否按本条款三个方面的要求沟通了质量方针。

(2)组织质量方针及其解释需要传达到所有在组织控制下,影响质量管理体系绩效的人员。应通过适当的方式使质量方针在组织内普遍一致的理解,并确保所有相关人员在其工作中主动应用质量方针中所阐述的原则。

(3)关注组织以什么方式使相关方获取组织的质量方针。

【标准要求】

> **5.3　组织的岗位、职责和权限**
>
> 最高管理者应确保组织相关岗位的职责、权限得到分配、沟通和理解。
>
> 最高管理者应分配职责和权限,以:
>
> a)确保质量管理体系符合本标准的要求;
>
> b)确保各过程获得其预期输出;
>
> c)报告质量管理体系的绩效以及改进机会(见10.1),特别是向最高管理者报告;
>
> d)确保在整个组织中推动以顾客为关注焦点;
>
> e)确保在策划和实施质量管理体系变更时保持其完整性。

【相关术语/词语】

(1)岗位:泛指职位。

(2)职责:职务上应尽的责任。

(3)权限:为了保证职责的有效履行,任职者必须具备的,对某事项进行决策的范围和程度。指职能权力范围,即行为的限制。

(4)分派:分配;委派。

(5)沟通:本指开沟以使两水相通。后用以泛指使两方相通连,也指疏通彼此的意见。这里是人与人之间的信息交流。

(6)理解:指懂、了解、认识。

(7)3.7.8　绩效　performance。

可测量的结果。

注1:绩效可能涉及定量的或定性的结果。

注2:绩效可能涉及活动(3.3.11)、过程(3.4.1)、产品(3.7.6)、服务(3.7.7)、体系(3.5.1)或组织(3.2.1)的管理(3.3.3)。

注3:这是ISO/IEC导则 第1部分的ISO补充规定的附件SL中给出的ISO管理体系标准中的通用术语及核心定义之一,最初的定义已经通过修订注2被改写。

(8)确保:切实保持或保证。

【理解要求】

(1)本条款要求最高管理者应分配职责和权限,以确保组织相关岗位的职责、权限得到分配、沟通和理解。

(2)组织的岗位、职责和权限规定、沟通和理解,对指挥、控制和协调组织的质量活动及实现组织的目标至关重要,最高管理者对此负有责任。职责和权限的规定是为了保证以下要求的实现。

1)确保质量管理体系符合本标准的要求;

2)确保各过程获得其预期输出;

3)报告质量管理体系的绩效及其改进机会,特别向最高管理者报告;

4)确保在整个组织推动以顾客为关注焦点;

5)确保在策划和实施质量管理体系变更时保持其完整性。

(3)要求明确组织内各职能部门和岗位的设置,并明确其职责与权限。

(4)要求各部门和岗位通过各种方式(如发放文件、会议宣贯、培训学习和日常交流等),了解有关岗位的职责与权限。一方面验证所规定的职责和权限是否合适,另一方面使组织内的人员了解本岗位及相关部门的职责和权限,为体系过程有效运行提供保证。

【举例】

(1)组织质量结构图。

(2)组织的职能分配表。

(3)各级各类人员质量职责、岗位描述、工作指南等。

【审核要求】

(1)最高管理者是否按本条款的要求,对各有关岗位的职责和权限进行了分配,并且得以沟通和理解。

(2)相关人员是否知道自己的岗位、职责和权限。

(3)组织的质量活动协调的有效性,质量管理运行活动能否有序进行。

第六节 策 划

【标准要求】

6.1 应对风险和机遇的措施

6.1.1 在策划质量管理体系时,组织应考虑到 4.1 所提及的因素和 4.2 所提及的要求,并确定需要应对的风险和机遇,以:

a)确保质量管理体系能够实现其预期结果;

b)增强有利影响;

c)预防或减少不利影响;

d)实现改进。

6.1.2 组织应策划:

a)应对这些风险和机遇的措施;

b)如何:

1)在质量管理体系过程中整合并实施这些措施(见 4.4);

2)评价这些措施的有效性。

应对措施应与风险和机遇对产品和服务符合性的潜在影响相适应。

注1:应对风险可选择规避风险,为寻求机遇承担风险,消除风险源,改变风险的可能性或后果,分担风险,或通过信息充分的决策而保留风险。

注2:机遇可能导致采用新实践、推出新产品、开辟新市场、赢得新顾客、建立合作伙伴关系、利用新技术和其他可行之处,以应对组织或其顾客的需求。

【相关术语/词语】

(1)应对:采取措施、对策以应付出现的情况。

(2)3.7.9 风险 risk。

不确定性的影响。

注1:影响是指偏离预期,可以是正面的或负面的。

注2:不确定性是一种对某个事件,或是事件局部的结果或可能性缺乏理解或知识方面的信息(3.8.2)的状态。

注3:通常,风险是通过有关可能事件(GB/T 23694—2013 中的定义,4.5.1.3)和后果(GB/T 23694—2013 中的定义,4.6.1.3)或两者组合来描述其特性的。

注4:通常,风险是以某个事件的后果(包括情况的变化)及其发生的可能性(GB/T 23694—2013 中的定义,4.6.1.1)的组合来表述的。

注5:"风险"一词有时仅在有负面后果的可能性时使用。

注6:这是 ISO/IEC 导则 第1部分的 ISO 补充规定的附件 SL 中给出的 ISO 管理体系标准中的通用术语及核心定义之一,最初的定义已经通过增加注5被改写。

(3)(E)3.2.11 风险与机遇。

潜在的不利影响(威胁)和潜在的有利影响(机遇)。

(4)确定:固定,明确肯定。

(5)整合:整合就是把一些零散的东西通过某种方式而彼此衔接,从而实现信息系统的资源共享和协同工作。其主要的精髓在于将零散的要素组合在一起,并最终形成有价值有效率的一个整体。通过整顿、协调重新组合。

(6)实施:实际的行为、实践、实际施行。

(7)策划:策是指计策、谋略,划是指计划、安排;连起来就是,有计划的实施谋略。

(8)评价:衡量、评定其价值。通过计算、观察和咨询等方法对某个对象进行一系列的复合分析研究和评估,从而确定对象的意义、价值或者状态。

【理解要求】

(1)本条款要求组织应确定质量管理体系需要应对的风险和机遇,并策划应对这些风险和机遇的措施。

(2)"基于风险的思维"是2016版标准的新要求,与任何过程策划一样,质量管理体系的策划也应确定需要应对的风险和机遇,这应从以下两个方面考虑:考虑组织的内、外部环境,考虑组织的相关方及其要求。

(3)质量管理体系的策划时,确定需要应对的风险和机遇是为了达到以下目的:

1)确保质量管理体系能够实现其预期结果;

2)增强有利影响;

3)避免或减少不利影响;

4)实现改进。

(4)确定了应对的风险和机遇后,就应该策划应对这些风险和机遇的措施。应对风险和机遇的措施应与其对于产品和服务符合性的潜在影响相适应,并在质量管理体系过程中整合并实施这些措施;同时还应该评价这些措施的有效性。

(5)标准中的两个"注"是对应对风险和机遇可行办法的解读:

1)注1:应对风险可包括规避风险,为寻求机遇承担风险,消除风险源,改变风险的可能性和后果,分担风险,或通过明智决策延缓风险。

2)注2:机遇可能导致采用新实践,推出新产品,开辟新市场,赢得新客户,建立合作伙伴关系,利用新技术以及能够解决组织或其顾客需求的其他有利可能性。

【举例】

(1)某组织识别的风险和机会举例。

1)考虑内部环境见表2-5。

表2-5 考虑内部环境确定的风险和机遇

考虑的层面		质量管理体系风险	质量管理体系机会
内部环境	公司文化	产业萎缩、市场低迷,企业文化氛围不好	良好的公司文化为体系的建设提供基础
	公司价值观	产业萎缩、市场低迷,企业价值观不一致	良好的企业文化和共同的信念,形成"共同奋斗、实现梦想"的价值观
	经营绩效	绩效压力所引发的成本压力会带来风险	质量管理体系的质量成本绩效将得到重视
	人员特点	年轻化的队伍带来经验的不足	高素质的队伍有更好的学习能力
	组织构架	多层次的构架,带来沟通与决策上的复杂性	健全的构架是管理体系的基础
	资源条件	熟悉管理体系标准的专业化人员的匮乏,增加体系建设与运行的困难	相关设备设施的健全是体系建设与实施的良好条件

2)考虑外部环境见表2-6。

表2-6 考虑外部环境确定的风险和机遇

考虑的层面		质量管理体系风险	质量管理体系机会
外部环境	开发产品、工艺	产品与工艺的成熟度与稳定性	产品标准升级与新工艺改进带来更好产品品质
	法律法规	产品要求符合性的提升(法律法规)	同行业存在同样问题和困难
	市场竞争情况	市场波动加剧带来的成本压力会引发经营风险	竞争和波动会促进公司管理的提升
	市场形势	市场波动加剧带来的质量保证的困难	市场形势良好带来的稳定的品控环境
	经济形势	同上	同上
	社会责任	顾客对产品质量期望的提高会促进质量管理提升	顾客对产品质量期望的提高会增加质量保证的压力
	产业发展	产业萎缩、市场低迷,经营环境不好	新产品开发建设和生产会带动供应链和工艺和生产技术的发展,有更好的经营环境

3) 考虑相关方见表 2-7。

表 2-7 考虑相关方的需求和期望确定的风险和机遇

考虑的层面		质量管理体系风险	质量管理体系机会
相关方	上级公司	对产品和利润追求导致对质量管理改进投入不足	上级公司的重视,增加在质量管理方面的投入
	顾客	顾客期望的提升会带来质量管理更大压力	顾客期望的提升会促进质量管理的提升
	企业员工	员工的流动带来质量管理的挑战	员工的积极投入是管理体系建设的积极因素
	地方政府	同法律法规	同法律法规
	社会	同社会责任	同社会责任
	供应商/外包方	供应商/外包方服务绩效影响质量绩效	良好的供应链和外包方服务会带来更好的产品质量
	内部关联交易	经营指标压力有可能导致供应速度、开发与项目建设等和质量保证体系之间矛盾	经验分享,推动体系建设

(2) 风险处理方案举例。
1) 通过决定不开展或停止产生风险的活动,来规避风险;
2) 为寻求机遇,接受或提高风险;
3) 消除风险源;
4) 改变可能性;
5) 改变后果;
6) 与另一方或多方共担风险(包括合约和风险融资);
7) 通过有事实依据的决策,保留风险。

【审核要求】
(1) 组织是否按本条款的要求确定了质量管理体系需要应对的风险和机遇,并策划了应对这些风险和机遇的措施。
(2) 标准没有要求组织必须要使用正式的风险管理框架来识别风险和机遇。组织可以结合各自行业的特点与产品和服务特性选择适合他们的方式来识别风险和机遇。但审核员应关注组织在策划质量管理体系时是如何识别风险和机遇的。
(3) 应对风险和机遇更没有固定措施,必须结合组织的规模、资源及能力等实际情况,确定可行的措施,而且根据这些措施的实施情况,适时评价其有效性。
(4) 风险管理过程中的风险评估是风险识别、风险分析和风险评价的总过程,审核员应主动学习一些风险管理有关知识,以提高自己的审核水平。

【标准要求】

> **6.2 质量目标及其实现的策划**
>
> **6.2.1** 组织应针对相关职能、层次和质量管理体系所需的过程建立质量目标。
>
> 质量目标应：
>
> a) 与质量方针保持一致；
>
> b) 可测量；
>
> c) 考虑适用的要求；
>
> d) 与产品和服务合格以及增强顾客满意相关；
>
> e) 予以监视；
>
> f) 予以沟通；
>
> g) 适时更新。
>
> 组织应保持有关质量目标的成文信息。
>
> **6.2.2** 策划如何实现质量目标时，组织应确定：
>
> a) 要做什么；
>
> b) 需要什么资源；
>
> c) 由谁负责；
>
> d) 何时完成；
>
> e) 如何评价结果。

【相关术语/词语】

  3.7.1 目标 objective。

 要实现的结果。

注1：目标可以是战略的、战术的或操作层面的。

注2：目标可以涉及不同的领域（如：财务的、职业健康与安全的和环境的目标），并可应用于不同的层次（如：战略的、组织(3.2.1)整体的、项目(3.4.2)的、产品(3.7.6)和过程(3.4.1)的）。

注3：可以采用其他方式表述目标，例如：采用预期的结果、活动的目的或运行准则作为质量目标(3.7.2)，或使用其他有类似含意的词（如：目的、终点或指标）。

注4：在质量管理体系(3.5.4)环境中，组织(3.2.1)制定的质量目标(3.7.2)与质量方针(3.5.9)保持一致，以实现特定的结果。

注5：这是 ISO/IEC 导则 第1部分的 ISO 补充规定的附件 SL 中给出的 ISO 管理体系标准中的通用术语及核心定义之一。原定义已通过修改注2被改写。

  (2) 3.7.2 质量目标 quality objective。

 关于质量(3.6.2)的目标(3.7.1)。

注1：质量目标通常依据组织(3.2.1)的质量方针(3.2.4)制定。

注2：通常，在组织(3.2.1)的相关职能、层级和过程(3.4.1)分别规定质量目标。

  (3) 职能：人和事物以及机构所能发挥的作用与功能。

  (4) 层次：特指相属的各级机构。

  (5) 设定：设立，拟定。

  (6) 策划：积极主动地想办法。谋划、计划。

(7)3.11.4 测量 measurement。

确定数值的过程(3.4.1)。

注1:根据 GB/T 3358.2,确定的数值通常是量值。

注2:这是 ISO/IEC 导则 第1部分的 ISO 补充规定的附件 SL 中给出的 ISO 管理体系标准中的通用术语及核心定义之一,最初的定义已经通过增加注1被改写。

(8)3.11.3 监视 monitoring。

确定(3.11.1)体系(3.5.1)、过程(3.4.1)、产品(3.7.6)、服务(3.7.7)或活动的状态。

注1:确定状态可能需要检查、监督或密切观察。

注2:通常,监视是在不同的阶段或不同的时间,对客体(3.6.1)状态的确定。

注3:这是 ISO/IEC 导则 第1部分的 ISO 补充规定的附件 SL 中给出的 ISO 管理体系标准中的通用术语及核心定义之一,最初的定义和注1已经被改写,并增加了注2。

(9)沟通:本指开沟以使两水相通。后用以泛指使两方相通连,也指疏通彼此的意见。这里是人与人之间的信息交流。

(10)更新:革新,除旧布新。旧的去了,新的来到。这里是指对建立质量管理体系形成文件的信息进行必要的"吐故纳新"。

【理解要求】

(1)本条款要求组织应对质量管理体系所需的相关职能、层次和过程建立质量目标,同时应策划如何实现这些质量目标。

(2)标准要求组织应在相关职能、层次和质量管理体系所需的过程建立质量目标。质量目标是对质量方针的进一步展开,是组织各个职能、层次和过程上努力追求并加以实现的主要工作目的,也是评价质量管理体系有效性不可缺少的判定指标。

(3)设定的质量目标的内容应符合本标准6.2.1a)~d)四条的要求:

1)质量方针保持一致,质量方针是作为设定质量目标的标杆,是制定质量目标的基础,质量目标的内容应当与质量方针保持一致。如质量方针包含了对持续改进的承诺,质量目标就不能一成不变或停滞不前,也应体现出不断提高的趋势。

2)可测量,质量目标应当是可测量的(即可考核其是否实现)。质量目标可以是定性的(在某个时间段内实现),也可以是定量的(实现某个量值)。将质量方针中的承诺实际转化为可测量的目标。尤其是作业层次上目标应尽可能量化,例如产品的一次交验合格率、顾客满意度等目标都是可测量的。这样既体现出质量方针为质量目标建立提供了"框架"这一内涵,又可以为质量管理体系有效性评价提供方便。

3)考虑适用的要求,如按时、按量、按质的交付,价格适宜,负责"三包"等。

4)与产品和服务合格以及增强顾客满意相关,产品和服务的要求是质量目标的重要组成部分。故质量目标必须包括有关满足产品和服务要求的内容,组织正是通过落实这些具体要求来最终实现满足顾客要求和达到顾客满意这一根本目的的。若一个组织提出的质量目标未涉及满足产品和服务求的内容,则本标准提出的通过"满足顾客要求,增强顾客满意"的目标就不能实现。

(4)在管理上的做法应符合本标准6.2.1e)~g)三条的要求。

1)予以监视,即对完成情况进行监控并评审;

2)予以沟通,即让有关人员或相关方知道组织设定的目标;

3）适时更新,不能一成不变,应根据环境的变化、时间的推移、实现的程度进行必要的修订。

(5) 组织通过策划"4W1H"活动实现预期设定的目标。即 What——做什么;What——需要什么资源;Who——由谁负责;When——何时完成;How——如何评价结果。

【举例】

(1) 质量目标举例。

经过各部门一年的努力,我公司 2015 年总质量目标及各部门分解目标已全部实现。现根据管理评审会议上所确定的 2016 年公司质量目标,结合各部门工作实际及 2015 年质量目标完成情况,特编制公司 2016 年质量目标分解表。公司质量目标是:

1）及时追踪国际标准最新动态,持续改进,不断完善公司的质量管理体系,确保质量管理体系持续的适宜性、充分性和有效性,确保 2016 年质量监督审核及 CCC 认证工厂检查顺利通过;

2）系统项目一次验收通过率达 97% 以上;

3）盘、台、柜、箱一次交检合格率达 91% 以上;

4）顾客满意度指数达 87 以上。

部门目标分解举例,见表 2-8。

表 2-8 各部门目标分解情况

序号	公司目标	分解部门	部门目标
1	及时追踪国际标准最新动态,持续改进,不断完善公司的质量管理体系,确保质量管理体系持续的适宜性、充分性和有效性,确保 2016 年质量监督审核及 CCC 认证工厂检查顺利通过	质量部	1. 不断提高质量管理体系的适宜性、充分性和有效性,确保 2016 年 QMS 监督审核顺利通过
			2. 确保 2016 年 CCC 认证工厂检查顺利通过
			3. 进行 1~2 次内部审核
			4. 召开 1 次管理评审会
			5. 出版 4 期质量简报,确保内部沟通渠道畅通
2	系统项目一次验收通过率达 97% 以上	工控工程部	1. 系统项目现场验收一次通过率达 97% 以上
			2. 现场服务合格率达 88% 以上
			3. 按工作联系单要求盘柜检验率达 96% 以上
			4. 按工作联系单要求外配表检验率达 100%
3	顾客满意度指数达 87 以上	工控经营部	1. 对经营人员进行 4 次以上培训
			2. 项目与产品有关要求的评审率达 100%
			3. 顾客满意度指数达 87 以上
		工控二部	1. 采购产品一次交检合格率达 95% 以上
			2. 项目与产品有关要求的评审率达 100%
			3. 顾客满意度指数达 87 以上

续表

序号	公司目标	分解部门	部门目标
4		人力资源部/办公室	人员培训率达82%以上人均培训时间不少于16小时
5	盘、台、柜、箱一次交检合格率达91%以上	生产制造事业部	盘、台、柜、箱平均一次交检合格率达91%以上

生产制造部的质量目标再往基层分解,见表2-9。

表2-9 生产制造的目标再分解

质量目标	分解部门	分解值	采取的措施和方法	考核方法
盘、台、柜、箱平均一次交检合格率达88%以上	技术科	项目图纸设计应满足合同要求,笔误少于10处	做好审图和设计工作,及时联系公司经营部确保设计输入、输出顺利实现除外来加工产品外,各项目图纸一律按要求归档	按"产品任务卡"及图纸归档情况进行考核
同上	制造科	钣金平均一次交检合格率达84%以上	领导重视是关键,部、科领导要重视质量,带头学习ISO 9001标准要求及公司的质量方针、目标及各种要求,加强员工培训,增强质量意识,提高业务水平,熟练掌握本岗位技能,持证上岗,坚持按图纸、按作业指导书操作,保证每道工序出合格品。科长、检查人员应经常深入现场督促检查,防患于未然。生产管理科及时组织设备维护、保养,保证生产需要,对出现的质量事故要分析原因、采取措施,防止再次出现类似的质量事故	按"钣金结构检查表"及"盘、台、柜、箱质量指标完成报表"考核
		喷漆平均一次交检合格率达90%以上		按"喷漆检查表"及"盘、台、柜、箱质量指标完成报表"考核
同上	生产科	计量器具100%按期检定	计量器具按期送检,保证生产、检验的需要	按"监视和测量装置台账"及"监视和测量装置档案"考核
同上	质检科	盘、台、柜、箱错、漏检不超过10次	加强检查人员的培训,提高检查人员业务素质和技术水平,严把质量关,严格按检验指导书、图纸等进行检验,发现问题绝不放过	按"现场信息反馈单""工作联系单"等进行考核

续表

质量目标	分解部门	分解值	采取的措施和方法	考核方法
同上	经营科	采购产品退货率低于10%。	加强对供方的控制,坚持从合格供方中采购,加强采购产品的进厂检验,及时处置不合格品,让步接收须经主管技术人员批准,重要采购产品不允许让步接收	按"原/辅材料、外购和外协件入库检查记录"及"零部件检验记录"考核

(2)实现质量目标策划举例(见表2-10)。

表2-10 实现质量目标策划举例

质量目标	采取的措施	需要的资源	由谁负责	何时完成	如何评价结果
1.不断提高质量管理体系的适宜性、充分性和有效性,确保2016年QMS监督审核顺利通过	进行2次内部审核	每次抽4个内审员组成内审组,各用二天时间	管理者代表指定的内审组长	4月20日前;9月25日前	管理者代表和总经理审核内容报告
2.确保2016年CCC认证工厂检查顺利通过	召开1次管理评审会	公司高层及各部门负责人	总经理	11月20日前	整改要求纠正措施的有效性检查
	出版4期质量简报	组织撰稿者经费2 500元	质量部部长	季度最后一个月20日前	收集员工对简报反馈的信息
	举办2次质量培训	质量主管与外聘老师讲课经费2 500元	人力资源部部长	3月30日前;7月25日前	考试与工作考察

【审核要求】

(1)组织是否按本条款要求对质量管理体系所需的相关职能、层次和过程建立了质量目标,并策划了如何实现这些质量目标。

(2)原标准有相关职能、层次建立质量目标的要求,新标准增加了过程设定质量目标的要求,应引起审核员的关注。并关注质量目标的适宜性(本标准6.2.1a)~d)四条的要求)。

(3)组织是否对设定质量目标进行了管理(本标准6.2.1e)~g)三条的要求)。

(4)查阅组织实现质量目标的策划结果,并关注按策划完成的情况。

(5)质量目标的制定反映组织管理层的集体智慧,也是管理层集体智慧的结晶,审核时应与第五章领导作用联系起来考虑。

【标准要求】

> **6.3 变更的策划**
>
> 当组织确定需要对质量管理体系进行变更时,变更应按所策划的方式实施(见4.4)。
>
> 组织应考虑:
>
> a)变更目的及其潜在后果;
> b)质量管理体系的完整性;
> c)资源的可获得性;
> d)职责和权限的分配或再分配。

【相关术语/词语】

(1)变更:改变;更动。

(2)策划:积极主动地想办法。谋划、计划。

(3)3.3.5 质量策划 quality planning。

质量管理(3.3.4)的一部分,致力于制定质量目标(3.7.2)并规定必要的运行过程(3.4.1)和相关资源以实现质量目标。

注:编制质量计划(3.8.9)可以是质量策划的一部分。

【理解要求】

(1)本条款要求组织在需要对质量管理体系进行变更时,应按策划的方式实施。

(2)当组织所处的内、外部环境发生变化或组织的相关方及其需求发生变化,影响质量管理体系有效运行时,组织确定需要对质量管理体系进行变更。

(3)组织策划变更的方式时应考虑:

1)变更目的及其潜在后果,变更有可能带来好的结果,也可能带来风险和挑战;

2)要保持质量管理体系的完整性,变更策划则应系统考虑,要注意其充分性;

3)资源的可获得性,体系变更后,关键资源是否满足要求;

4)职责和权限的分配或再分配,组织职能权限将面临重大调整。

【举例】

某获证企业在即将接受认证机构的例行监督审核之前,通知认证机构,要求推迟接受监督审核的日期,理由是企业已经进行重组或改制,机构做了相应调整,某些部门已合并,人员也有较大的变动,原来的质量管理体系文件在某些部门或区域已不能适用等。此时,组织应尽快采取相应措施,使组织不会出现质量体系不完整的情况。

【审核要求】

审核员应关注组织的质量管理体系发生过变更没有,如果进行过变更,是否按本标准的要求进行过充分的策划,并按策划的方式组织实施。应重点关注质量管理体系变更的有效性。

第七节 支 持

【标准要求】

> **7.1 资源**
> **7.1.1 总则**
> 组织应确定并提供所需的资源,以建立、实施、保持和持续改进质量管理体系。
> 组织应考虑:
> a)现有内部资源的能力和局限;
> b)需要从外部供方获得的资源。

【相关术语/词语】

(1)支持:支撑,供应,支援,赞同鼓励。

(2)资源:拥有的物力、财力、人力、智力(信息、知识)等各种物质要素的总称。包括人力资源、自然资源、基础设施、技术和财务资源。

(3)总则:指规章条例最前面的概括性的条文。

(4)确定:固定,明确肯定。

(5)提供:供给,提出可供参考或利用的意见、资料、物资、条件等。

(6)3.6.12 能力 capability。

客体(3.6.1)实现满足要求(3.1.2)的输出(3.7.5)的本领。

注:GB/T 3358.2中确定了统计领域中过程(3.4.1)能力术语。

(7)局限性:人的实践、认识受到主观和客观条件的限制。

【理解要求】

(1)本条款要求组织为建立、实施、保持和持续改进质量管理体系,应确定并提供所需的资源。

(2)无论建立、实施、保持质量管理体系,还是持续改进质量管理体系满足顾客不断变化的需求,增强顾客满意都需要资源作保障。资源可以包括人力资源、基础设施、过程运行环境、监视和测量资源,还可以包括技术和财务资源、组织的知识等。

(3)在为质量管理体系确定和提供资源时,组织应考虑目前的能力和局限性,例如现有材料、人力资源及其能力、机械设备、信息通信系统和设施能否满足运行的要求;若不能满足,组织宜对需要什么资源和确保资源提供做出决策,包括外部提供的资源,以达成对资源的需求。

(注:环境管理体系中7.1资源的要求就浓缩为一句话:组织应确定并提供为建立、实施、保持和持续改进环境管理体系所需的资源。而质量管理体系则细分为6条要求。)

【举例】

通过满足顾客要求,增强顾客满意。为了满足不断变化的顾客要求,就要不断地设计开发新产品,改进老产品,改进工艺过程,降低成本,这些都不能缺少所需的资源投入。

【审核要求】

(1)组织是否为建立、实施、保持和持续改进质量管理体系,确定并提供了所需的资源。

(2)通过与最高管理者的沟通,了解组织对质量管理体系运行提供资源保障的想法与做法。

(3)通过现场观察,组织质量管理体系运行是否有充足的资源保障。

【标准要求】

> **7.1.2 人员**
>
> 组织应确定并配备所需的人员,以有效实施质量管理体系,并运行和控制其过程。

【相关术语/词语】

(1)人员:担任某种职务或从事某种工作的人。

(2)确定:固定,明确肯定。

(3)配备:调配,分配,布置,部署。

(4)3.4.3 质量管理体系实现 quality management system realization。

建立、形成文件、实施、保持和持续改进质量管理体系(3.5.4)的过程(3.4.1)。

[源自:GB/T 19029—2009,3.1,改写,注已被删除]

【理解要求】

(1)本条款要求组织为有效实施质量管理体系,应确定并配备所需的人员。

(2)有效实施质量管理体系并运行和控制其过程,必须要有一定数量并具有相应资格的人员。组织应确定设置相关岗位,并确定该岗位所需人员的数量。

(3)组织应提供足够数量并有资格的人员充实设定的岗位,以有效实施质量管理体系。并运行和控制其过程。

【举例】

组织应编制与业务规划相匹配的人力资源规划。采取各种措施识别有效运行质量管理体系所需的人力资源,包括设置哪些岗位及与岗位工作量相匹配的人员数量、适任的人员,尤其设计开发、质量技术、检验、化验、测试、顾客投诉处理、特殊工种及审核等直接影响质量绩效的关键、敏感岗位人员的配置,确保所有直接间接影响质量绩效的人员必须与岗位适任要求相匹配。

【审核要求】

(1)组织是否为了有效实施质量管理体系并运行和控制其过程,确定了相关的工作岗位及各岗位的人员数量。

(2)是否做到了"定岗定员",尤其关注一线操作人员中的特殊工种和关键、敏感岗位的人员是否符合特定的要求。

【标准要求】

> **7.1.3 基础设施**
>
> 组织应确定、提供并维护所需的基础设施,以运行过程,并获得合格产品和服务。
>
> 注:基础设施可包括:
>
> a)建筑物和相关设施;
>
> b)设备,包括硬件和软件;
>
> c)运输资源;
>
> d)信息和通讯技术。

【相关术语/词语】

(1)3.5.2 基础设施 infrastructure。

<组织>组织(3.2.1)运行所必需的设施、设备和服务(3.7.7)的系统(3.5.1)。

(2)确定:固定,明确肯定。

(3)提供:供给。提出可供参考或利用的意见、资料、物资、条件等。

(4)维护:维持保护。

(5)信息技术(Information Technology,简称 IT):是主要用于管理和处理信息所采用的各种技术的总称。它主要是应用计算机科学和通信技术来设计、开发、安装和实施信息系统及应用软件。它也常被称为信息和通信技术。

(6)通信:本质上是信源和信宿之间信息的传输和交换,通信技术就是围绕这一主题发展的传输、交换相关的技术。

【理解要求】

(1)本条款要求组织应确定、提供并维护所需的基础设施,以运行过程,并获得合格产品和服务。

(2)基础设施是组织实现产品和服务符合性的物质保证。确定并提供基础设施是为了达到产品和服务符合要求所需要的,以实现顾客满意;维护基础设施则是为了保持基础设施的能力。

(3)基础设施可包括标准 7.1.3 注中提及的 a)～d)四类,不同的组织应确定为达到产品符合要求所需的基础设施,可以是上述四类中的全部,也可以是其中的一类(或)几类。

(4)"信息和通讯技术"也属于基础设施之一。随着社会的进步和发展,现代化信息和通讯技术(例如 ERP 系统)逐步融入组织管理中,越来越多体系是电子化的,因此在审核过程中要也要关注组织的信息化系统。

【举例】

(1)建筑物和相关的设施:如办公间和生产场所等,水、电、压缩空气和蒸汽供应的设施。

(2)设备,包括硬件和软件:如各种生产用机器设备及含有计算机软件的各类控制和测试设备以及各种工具等。

(3)运输资源:各种不同用途的各类运输车辆等。

(4)信息和通讯技术(例如 ERP 系统,公司内、外部网络系统)等。

【审核要求】

(1)组织是否按本条款要求正确识别、提供和维护了运行过程并获得合格产品和服务的基础设施;

(2)查基础设施的管理情况,现场观察基础设施维护情况;

(3)关注企业信息系统的建立与运行情况。

【标准要求】

7.1.4 过程运行环境

组织应确定、提供并维护所需的环境,以运行过程,并获得合格产品和服务。

注:适宜的过程运行环境可能是人为因素与物理因素的结合,例如:

a)社会因素(如非歧视、安定、非对抗);

b)心理因素(如减压、预防过度疲劳、稳定情绪);
c)物理因素(如温度、热量、湿度、照明、空气流通、卫生、噪声)。

【相关术语/词语】

(1)3.4.1 过程 process。

利用输入实现预期结果的相互关联或相互作用的一组活动。

注1:过程的"预期结果"称为输出(3.7.5),还是称为产品(3.7.6)或服务(3.7.7),随相关语境而定。

注2:一个过程的输入通常是其他过程的输出,而一个过程的输出又通常是其他过程的输入。

注3:两个或两个以上相互关联和相互作用的连续过程也可作为一个过程。

注4:组织(3.2.1)通常对过程进行策划,并使其在授控条件下运行,以增加价值。

注5:不易或不能经济地确认其输出是否合格(3.6.11)的过程,通常称之为"特殊过程"。

注6:这是 ISO/IEC 导则 第1部分的 ISO 补充规定的附件 SL 中给出的 ISO 管理体系标准中的通用术语及核心定义之一,最初的定义已经被改写,以避免过程和输出之间循环解释,并增加了注1至注5。

(2)3.5.5 工作环境 work environment。

工作时所处的一组条件。

注:条件包括物理的、社会的、心理的和环境的因素(如温度、光照、表彰方案、职业压力、人因工效和大气成分)。

(3)确定:固定,明确肯定。

(4)提供:供给。提出可供参考或利用的意见、资料、物资、条件等。

(5)维护:维持保护。

【理解要求】

(1)本条款要求组织应确定、提供并维护所需的环境,以运行过程,并获得合格产品和服务。

(2)必要的工作环境是组织以运行过程并获得合格产品和服务的支持条件。工作环境对在该环境中的人和物都会产生影响,这同样也是需要重视和予以控制的一种资源。

(3)组织应确定、提供并维护所需的环境,这组条件可包括:

1)物理的、环境的因素(对人和物均有影响的环境因素):如环境的温度、湿度、照明、通风、洁净度、噪声、粉尘、振动和污染等。

2)社会的、心理的因素(对人员有影响的环境因素):如创造一种良好工作氛围、适宜的工作方法、人体工效学应用等,从而更好地发挥组织内人员的潜能,以及安全规范、防护设备的作用。

【举例】

不同的产品要求不同的环境条件,如生产电子集成元器件的场所要求超净工作间,生产精密测量仪器的场所要求恒温和防振,而一个棉纺厂纺纱、织布车间,除了温度要求外,还有湿度要求等。

【审核要求】

(1)组织是否确定、提供并维护所需的环境,以运行过程,并获得合格产品和服务。

(2)现场审核对工作环境的管理,是否能支持运行过程并获得合格产品和服务要求。

(3)在标准的注中进一步明确了工作时所处的条件。审核时要关注人体功效学,如服务员不愉快会直接影响服务的质量(如航空、宾馆、餐饮等)。

【标准要求】

7.1.5 监视和测量资源

7.1.5.1 总则

当利用监视或测量来验证产品和服务符合要求时,组织应确定并提供所需的资源,以确保结果有效和可靠。

组织应确保所提供的资源:

a) 适合所开展的监视和测量活动的特定类型;

b) 得到维护,以确保持续适合其用途。

组织应保留适当的成文信息,作为监视和测量资源适合其用途的证据。

7.1.5.2 测量溯源

当要求测量溯源时,或组织认为测量溯源是信任测量结果有效的基础时,测量设备应:

a) 对照能溯源到国际或国家标准的测量标准,按照规定的时间间隔或在使用前进行校准和(或)检定,当不存在上述标准时,应保留作为校准或验证依据的成文信息;

b) 予以识别,以确定其状态;

c) 予以保护,防止由于调整、损坏或衰减所导致的校准状态和随后的测量结果的失效。

当发现测量设备不符合预期用途时,组织应确定以往测量结果的有效性是否受到不利影响,必要时应采取适当的措施。

【相关术语/词语】

(1) 3.11.3 监视 monitoring。

确定(3.11.1)体系(3.5.1)、过程(3.4.1)、产品(3.7.6)、服务(3.7.7)或活动的状态。

注1:确定状态可能需要检查、监督或密切观察。

注2:通常,监视是在不同的阶段或不同的时间,对客体(3.6.1)状态的确定。

注3:这是 ISO/IEC 导则 第1部分的 ISO 补充规定的附件 SL 中给出的 ISO 管理体系标准中的通用术语及核心定义之一,最初的定义和注1已经被改写,并增加了注2。

(2) 3.11.4 测量 measurement。

确定数值的过程(3.4.1)。

注1:根据 GB/T 3358.2,确定的数值通常是量值。

注2:这是 ISO/IEC 导则 第1部分的 ISO 补充规定的附件 SL 中给出的 ISO 管理体系标准中的通用术语及核心定义之一,最初的定义已经通过增加注1被改写。

(3) 资源:拥有的物力、财力、人力、智力(信息、知识)等各种物质要素的总称,包括人力资源、自然资源、基础设施、技术和财务资源。

(4) 总则:指规章条例最前面的概括性的条文。

(5) 测量溯源:溯源是量值传递的逆过程,通常是指测量结果与国家测量标准或国际测量标准联系起来的过程。

(6) 3.8.12 验证 verification。

通过提供客观证据(3.8.3)对规定要求(3.6.4)已得到满足的认定。

注1:验证所需的客观证据可以是检验(3.11.7)结果或其他形式的确定(3.11.1)结果,如:变换方法进行计算或文件(3.8.5)评审。

注2:为验证所进行的活动有时被称为鉴定过程(3.4.1)。

注3:"已验证"一词用于表明相应的状态。

【理解要求】

(1)本条款要求组织确定并提供所需的监视和测量资源,以确保结果有效和可靠。对其中的测量设备应按照规定的时间间隔进行校准或检定。

(2)无论是制造业还是服务业,均需要基于其行业产品和服务的质量特性不同,选用不同的监视测量资源、手段和方法,与所进行的监视测量活动保持一致,并通过采取维护措施确保持续满足使用要求。7.1.5.1条款的要求是当利用监视或测量来验证产品和服务符合要求时,组织应确定并提供确保结果有效和可靠所需的资源。确保的内容是:

  1)提供的监视和测量资源所需的准确度和精密度及其效率等与要求的测量能力相一致。这是明确对提供的监视和测量资源选择和配备的原则。

  2)对提供的监视和测量资源进行必要的维护保养,确保持续的适宜性。

为了证明监视和测量资源适合其用途,应制订这些监视和测量资源的检查计划并提供检查结果的记录。

(3)7.1.5.2条款是对测量设备管理的具体要求:

  1)按有关规程对测量设备进行校准或检定。确保量值能溯源到国际或国家的测量标准。如不存在上述标准时间,如进口的有些设备无法溯源,则应在参照其设备的使用和维护说明书进行校验,并记录校验的依据。对于常用的测量设备应按规定的时间间隔进行校准或检定。对不常用的测量设备可在使用前进行校准或检定。

  2)对校准状态需进行标识。标识的方法只要能区别是否进行了校准,是否合格。当有期限控制要求时,应能识别其有效期。

  3)采取适当的保护措施,防止可能使校准状态和随后的测量结果失效的调整、损坏或劣化。例如对仪表封签,防止随意的启封或调整,搬运时应采取防震措施,维护时按规定要求进行,贮存时保证必要的贮存环境条件等。

当发现测量设备不符合预期用途时,组织应确定以往测量结果的有效性是否受到不利影响,必要时应采取适当的措施。

【举例】

(1)监视和测量设备台账。

(2)监视和测量设备检定校准计划。

(3)监视和测量设备检定校准结果记录。

【审核要求】

(1)组织是否按本条款的要求确定并提供所需的监视和测量资源,以确保结果有效和可靠,对其中的测量设备应按照规定的时间间隔进行校准或检定。

(2)查阅测量设备校准和检定计划及该计划执行的成文信息。

(3)现场观察监视和测量设备状态标识的情况。审核时应关注:标准明确提出了测量设备应具有能够确定其状态的标识。

(4)如有设备在有效期内不符合要求的情况发生,要查阅对其测量结果有效性的评价记录。

【标准要求】

> **7.1.6 组织的知识**
>
> 组织应确定必要的知识,以运行过程,并获得合格产品和服务。
>
> 这些知识应予以保持,并能在所需的范围内得到。
>
> 为应对不断变化的需求和发展趋势,组织应审视现有的知识,确定如何获取或接触更多必要的知识和知识更新。
>
> 注1:组织的知识是组织特有的知识,通常从其经验中获得,是为实现组织目标所使用和共享的信息。
>
> 注2:组织的知识可基于:
>
> a)内部来源(如知识产权、从经验获得的知识、从失败和成功项目吸取的经验和教训、获取和分享未成文的知识和经验,以及过程、产品和服务的改进结果);
>
> b)外部来源(如标准、学术交流、专业会议、从顾客或外部供方收集的知识)。

【相关术语/词语】

(1)知识:指辨识事物的能力,人类认识自然和社会的成果或结晶,人们在实践中获得的认识和经验,包括经验知识和理论知识。

(2)确定:固定,明确肯定。

(3)获得:得到;取得。

(4)保持:保留或维持(原状),保全,保护使不受损害。

(5)审视:仔细察看,反复分析。

(6)更新:革新,除旧布新。旧的去了,新的来到。

【理解要求】

(1)本条款要求组织确定必要的知识,以运行过程,并获得合格产品和服务。

(2)对知识管理的要求是:

1)组织知识应予以保持,并在必要范围内可得到,防止组织知识的流失;

2)鼓励组织去获取更多知识并进行更新,以应对不断变化的需求和发展趋势。

(3)标准条款对组织知识管理对象界定为对运行过程所需的知识,目的是获得合格产品和服务。这类知识主要是根据组织产品和服务的不同而不同的特定知识,通常是从组织的经验中获取。

【举例】

(1)为获得合格产品和服务,组织应确定运行所需的知识。例如:

1)设计、工艺、制造、服务过程中获取的经验教训、失效分析等,包括对各类疏失、突发事件、特殊质量问题的应对措施等;

2)典型、批量、惯性问题的发生情况的处置方法、结果记录、分析和结论意见等;

3)先进的管理理念、管理方法、最佳实践、工作方法、技能技艺、检测方法等;

4)科研成果、工艺成果、QC成果等;

5)产品性能说明书、产品使用说明书、产品故障分析、产品维护指南等;

6)知识产权(含专利和企业标准)等。

(2)知识的更新。

作为组织创新的一部分,知识的更新始终随着时代的进步保持同步发展。尤其在互联网时代,知识的更新更是瞬息万变,组织应随着内、外部环境的变化及时创新知识结构,确保可持续发展。

【审核要求】

(1)组织是否按为获得合格产品和服务,确定哪些是运行过程所需的知识,对这些已确定的知识是如何保持,并在必要范围内可以得到。

(2)为应对不断变化的需求和发展趋势,组织是用什么方法去获取更多必要的知识,知识更新的措施是哪些。

【标准要求】

> **7.2 能力**
>
> 组织应:
>
> a)确定在其控制下工作的人员所需具备的能力,这些人员从事的工作影响质量管理体系绩效和有效性;
>
> b)基于适当的教育、培训或经验,确保这些人员是胜任的;
>
> c)适用时,采取措施以获得所需的能力,并评价措施的有效性;
>
> d)保留适当的成文信息,作为人员能力的证据。
>
> 注:适当措施可包括对在职人员进行培训、辅导或重新分配工作,或者聘用、外包胜任的人员。

【相关术语/词语】

(1)3.10.4 能力 competence。

应用知识和技能实现预期结果的本领。

注1:经证实的能力有时是指资格。

注2:这是 ISO/IEC 导则 第1部分的 ISO 补充规定的附件 SL 中给出的 ISO 管理体系标准中的通用术语及核心定义之一,最初的定义已经通过增加注1被修订。

(2)教育:教导启发,使其明白道理。培养人才、传播知识的工作。

(3)培训:培养训练。指给员工传授其完成本职工作所必需的正确思维认知、基本知识和技能的过程。

(4)经历:阅历,亲身经受。亲身见过、做过或遭受过的事。

(5)确保:切实保持或保证。

(6)评价:衡量、评定其价值。

(7)保留:保存不变,留下。

【理解要求】

(1)组织应确定受其控制的工作人员(即各级各类人员)的能力需求,因为这些人员从事的工作将影响到质量管理体系绩效和有效性。

(2)能力需求(岗位能力标准)包括适当的教育、培训或经历三个方面的要求。

(3)对现职人员进行能力评价,如果不满足要求,存在差距,就应该采取适当的措施以获得所需的能力,缩小或消除差距,采取措施后要评价措施的有效性。无效或效果欠佳,则应重新采取有效的措施。

(4)按本标准的要求,应当保留适当的形成文件的信息(如学历证明、培训记录、岗位资格证、职称证明、工作经历等),作为人员能力的证据。

【举例】

(1)从事的工作影响质量管理体系绩效和有效性的人员:包括从事质量管理体系中管理过程和产品实现过程活动的人员,例如管理、销售、采购、设计、生产、验证等人员,也应包括组织中参与这些活动的临时工、外部供方(如承包商和外包服务)。

(2)培训有效性评价方法:可通过面试、笔试等方法来评价,有时还可通过实际操作、工作的考核来验证是否达到培训计划或其他措施所策划的目标。

【审核要求】

(1)审核组织对"影响到质量管理体系绩效和有效性的工作人员"是否识别充分,是否都规定了相应的能力需求。审核时应注意"适用时",如果具备所需的能力,不需要采取措施。如果采取了必要的措施,审核时要更多的关注过程的输出,即不管采取何种措施,是否就获得了所需的能力。

(2)审核组织的培训工作计划完成情况,有效性如何。

(3)重点关注特种作业工作人员(特种设备操作人员和管理人员)是否具备有效资格证。

(4)现场审核操作人员是否胜任自己的工作,满足组织设定的岗位能力需求,并能识别自己工作的相关性和重要性。

(5)查阅相关记录。

【标准要求】

> **7.3 意识**
>
> 组织应确保在其控制下工作的人员知晓:
>
> a)质量方针;
>
> b)相关的质量目标;
>
> c)他们对质量管理体系有效性的贡献,包括改进绩效的益处;
>
> d)不符合质量管理体系要求的后果。

【相关术语/词语】

(1)意识:指人们对外界和自身的觉察与关注程度。人的头脑对于客观物质世界的反映,是各种心理过程的总和。

(2)确保:切实保持或保证。

(3)3.5.9 质量方针 quality policy。

关于质量(3.6.2)的方针(3.5.8)。

注1:通常,质量方针与组织(3.2.1)的总方针相一致,可以与组织的愿景(3.5.10)和使命(3.5.11)相一致,并为制定质量目标(3.7.2)提供框架。

注2:本标准中提出的质量管理原则可以作为制定质量方针的基础。

(4)3.7.2 质量目标 quality objective。

与质量(3.6.2)有关的目标(3.7.1)。

注1:质量目标通常依据组织(3.2.1)的质量方针(3.2.4)制定。

注2:通常,在组织(3.2.1)内的相关职能、层级和过程(3.4.1)分别规定质量目标。

(5)有效性:是指对完成所策划的活动与达到所策划的结果的程度的度量,是否正在实现所预期的结果。

（6）3.7.8 绩效 performance。

可测量的结果。

注1：绩效可能涉及定量的或定性的结果。

注2：绩效可能涉及活动（3.3.11）、过程（3.4.1）、产品（3.7.6）、服务（3.7.7）、体系（3.5.1）或组织（3.2.1）的管理（3.3.3）。

注3：这是ISO/IEC导则 第1部分的ISO补充规定的附件SL中给出的ISO管理体系标准中的通用术语及核心定义之一，最初的定义已经通过修改注2被改写。

（7）3.7.11 有效性 effectiveness。

完成策划的活动并得到策划结果的程度。

注：这是ISO/IEC导则 第1部分的ISO补充规定的附件SL中给出的ISO管理体系标准中的通用术语及核心定义之一。

【理解要求】

（1）本条款要求组织应确保受其控制的工作人员（即各级各类人员）具备一定的质量意识，因为这些人员从事的工作将影响到质量管理体系绩效和有效性。

（2）质量意识包括以下四个方面内容：知晓质量方针、相关的质量目标、对质量管理体系有效性的贡献，包括改进绩效的益处以及不符合质量管理体系要求的后果。

【举例】

（1）从事的工作影响质量管理体系绩效和有效性的人员，其质量意识可体现在，知道组织的质量方针和相关的质量目标，具有为实现这些目标做贡献的知识和意识。例如对"可接受"的产品和服务与"不合格"的产品和服务的知识和理解，当产品和服务不满足既定规范时，应知道如何去做等。

（2）对质量方针的认知，不应理解为在组织控制下的人员需要记住方针或保存有真实的质量方针文件的复本。而是这些人员应意识到质量方针的存在、目的及自己在实现承诺中所起的作用，包括他们的工作如何影响满足顾客要求和相关的法律法规要求的能力。

【审核要求】

（1）组织是否按本条款要求，确保受其控制的工作人员具备了一定的质量意识。

（2）质量意识教育是组织企业文化建设的一部分，审核应关注组织是如何从核心价值观层面构建组织的质量文化并固化和推广的，组织是如何提升高层、中层和基层管理人员及其他各类员工的质量意识进而提升组织的产品和服务质量的。

（3）关注组织内各部门的员工是否知道各自应承担的相关质量责任，能否认识到质量是自己的事情，而不仅仅是质量控制和质量保证人员的责任。是否意识自己所做的每一项工作也可能产生负面影响，为降低这些影响应采取的控制措施，并在绩效考核的约束氛围中自觉实施。

【标准要求】

> **7.4 沟通**
>
> 组织应确定与质量管理体系相关的内部和外部沟通，包括：
>
> a) 沟通什么；
>
> b) 何时沟通；
>
> c) 与谁沟通；

d)如何沟通；

e)谁来沟通。

【相关术语/词语】

沟通：本指开沟以使两水相通。后用以泛指使两方相通连，也指疏通彼此的意见。这里是人与人之间的信息交流。

【理解要求】

(1)本条款要求组织应确定与质量管理体系相关的内部和外部沟通。

(2)沟通是质量管理体系有效运行的一个重要因素。组织不仅需要开展内部沟通，还需要进行外部沟通(与顾客沟通有专门条款8.2.1要求)；

(3)组织确定进行沟通应包括以下内容：沟通什么、何时沟通、与谁沟通、如何沟通、谁负责沟通。

【举例】

(1)沟通内容。

  1)市场信息；

  2)各项工作的职责和权限，及其接口；

  3)法规要求/技术规范要求/上级或行业要求；

  4)相关方的要求和期望，以及顾客反馈的信息；

  5)对相关方施加影响；

  6)策划的结果；

  7)过程控制和改进的要求；

  8)资源需求/提供/配置信息；

  9)产品要求及其检验结果；

  10)管理绩效考核和完成情况；

  11)审核/评审结论；

  12)数据统计和分析的信息；

  13)决议/决定等。

(2)沟通对象。

  1)工作有接口关系的外部相关方之间，如政府、协会、母公司之间；

  2)工作有接口关系的不同的职能部门之间；

  3)工作有接口关系的不同层次岗位之间；

  4)领导与不同层次的员工之间；

  5)部门/岗位与有工作接口关系的相关方之间。

(3)沟通方法。

  1)文件和资料的传递；

  2)例会/专题会议/座谈；

  3)口头/书面汇报；

  4)培训/技术交底；

  5)网络信息平台；

6）警示标志/统一的辨识标识；

7）通知、通报、内部刊物、声像和电子媒体等。

【审核要求】

（1）组织是否按本条款要求确定了与质量管理体系相关的内部和外部沟通。

（2）通过与管理人员的面谈关注组织是否对内部和外部沟通事项做出了合理的安排，了解沟通计划或安排，问询沟通的实施情况。

（3）查询沟通的有效性，内部沟通的结果是否促进了质量管理体系的有效性。

【标准要求】

7.5 成文信息

7.5.1 总则

组织的质量管理体系应包括：

a）本标准要求的成文信息；

b）组织所确定的、为确保质量管理体系有效性所需的成文信息。

注：对于不同组织，质量管理体系成文信息的多少与详略程度可以不同，取决于：

——组织的规模，以及活动、过程、产品和服务的类型；

——过程及其相互作用的复杂程度；

——人员的能力。

7.5.2 创建和更新

在创建和更新成文信息时，组织应确保适当的：

a）标识和说明（如标题、日期、作者、索引编号）；

b）形式（如语言、软件版本、图表）和载体（如纸质的、电子的）；

c）评审和批准，以保持适宜性和充分性。

7.5.3 成文信息的控制

7.5.3.1 应控制质量管理体系和本标准所要求的成文信息，以确保：

a）在需要的场合和时机，均可获得并适用；

b）予以妥善保护（如防止泄密、不当使用或缺失）。

7.5.3.2 为控制成文信息，适用时，组织应进行下列活动：

a）分发、访问、检索和使用；

b）存储和防护，包括保持可读性；

c）更改控制（如版本控制）；

d）保留和处置。

对于组织确定的策划和运行质量管理体系所必需的来自外部的成文信息，组织应进行适当识别，并予以控制。

对所保留的、作为符合性证据的成文信息应予以保护，防止非预期的更改。

注：对成文信息的"访问"可能意味着仅允许查阅，或者意味着允许查阅并授权修改。

【相关术语/词语】

（1）3.8.2 信息 information。

有意义的数据（3.8.1）。

(2)3.8.5 文件 document。

信息(3.8.2)及其载体。

示例：记录(3.8.10)、规范(3.8.7)、程序文件、图样、报告、标准。

注1：载体可以是纸张，磁性的、电子的、光学的计算机盘片，照片或标准样品，或它们的组合。

注2：一组文件，如若干个规范和记录，英文中通常被称为"documentation"。

注3：某些要求(3.6.4)（如易读的要求）与所有类型的文件有关，然而对规范（如修订受控的要求）和记录（如可检索的要求）可以有不同的要求。

(3)3.8.6 成文信息 documented information。

组织(3.2.1)需要控制和保持的信息(3.8.2)及其载体。

注1：成文信息可以任何格式和载体存在，并可来自任何来源。

注2：成文信息可涉及：

　　1)管理体系(3.5.3)，包括相关过程(3.4.1)；

　　2)为组织运行产生的信息（一组文件）；

　　3)结果实现的证据[记录(3.8.10)]。

注3：这是 ISO/IEC 导则 第1部分的 ISO 补充规定的附件 SL 中给出的 ISO 管理体系标准中的通用术语及核心定义之一。

(4)总则：指规章条例最前面的概括性的条文。

(5)创建：建造，建立。指创立并建造一个新生的事物、这个事物，这一类型以前是不存在的。这里是指建立质量管理体系所需的成文信息。

(6)更新：革新，除旧布新。旧的去了，新的来到。这里是指对建立质量管理体系形成文件的信息进行必要的"吐故纳新"。

(7)3.11.2 评审 review。

对客体(3.6.1)实现所规定目标(3.7.1)的适宜性、充分性或有效性(3.7.11)的确定(3.11.1)。

示例：管理评审、设计和开发(3.4.8)评审、顾客(3.2.4)要求(3.6.4)评审、纠正措施(3.12.2)评审和同行评审。

注：评审也可包括确定效率(3.7.10)。

(8)批准：同意下级的意见、建议或请求。

(9)控制：掌握住不使任意活动或超出范围。

(10)变更：改变、更动。

【理解要求】

(1)本条款要求组织确定对质量管理体系成文信息的内容、成文信息创建和更新要求，并实施对成文信息的控制。

(2)质量管理体系成文信息有两大类：一是本标准要求的成文信息，二是组织确定的为确保质量管理体系有效性所需的成文信息。

(3)2008版标准中提到"形成文件的程序"（如规定、控制或支持某一过程）已被2016版标准"保持成文信息"的要求所代替，2008版标准中提到"记录"之处，已被2016版标准"保留成文信息"的要求所代替。这种说法更多反映了许多组织使用电子媒介手段记录其支持过程和质量管理体系运行数据和信息的发展动态和实践。

(4)成文信息应该与组织的规模，以及活动、过程、产品和服务的类型，过程的复杂程度及其相互作用,人员的能力相适应。

(5)在创建和更新成文信息时,组织应决定成文信息所适用的标识、说明、格式、载体,以及如何评审和批准这些信息。

(6)控制成文信息,其目的是妥善保护并在需要的场合和时机,均可获得并适用。

(7)控制成文信息,其方法包括分发、访问、检索和使用,存储和防护,更改控制,保留和处置。这也同样适用于组织确定的、策划和运行质量管理体系所必需的、来自外部的成文信息。

(8)成文信息作为符合性证据保留,那么这些信息应被保护以免非预期的修改,组织可仅允许对此类信息进行受控访问。

【举例】

(1)本标准要求保持的成文信息。

——4.3 质量管理体系的范围应作为成文信息。

——4.4 保持成文信息支持过程运行。

——5.2.2 质量方针应:

a)可获取并保持成文信息。

——6.2.1(最后一段)组织应保持有关质量目标的成文信息。

——8.1 e)在必要的范围和程度上,确定并保持、保留成文信息,以:

1)证实过程已经按策划进行;

2)证明产品和服务符合要求。

——8.5.1 a)可获得成文信息;

1)拟生产的产品、提供的服务或进行活动的特性;

2)拟获得的结果。

(2)本标准要求保留的成文信息:

——4.4.2 在必要的范围和程度上,组织应:

1)保持成文信息以支持过程运行;

2)保留成文信息确认其过程按策划进行。

——7.1.5.1 组织应保留适当的成文信息,作为监视和测量资源适合其用途的证据。

7.1.5.2 a)对照能溯源到国际或国家标准的测量标准,按照规定的时间间隔或在使用前进行校准和(或)检定,当不存在上述标准时,应保留作为校准或验证依据的成文信息。

——7.2 能力 组织应:d)保留适当的成文信息,作为人员能力的证据。

——8.2.3.2 适用时,组织应保存以下列方面有关的成文信息:a)评审的结果;b)产品和服务的新的要求。

——8.3.2 j)证实已经满足设计和开发要求所需的成文信息。

——8.3.3 组织应保留有关设计与开发输入的成文信息。

——8.3.4 f)保留这些活动的成文信息。

——8.3.5 组织应保留有关设计和开发输出的成文信息。

——8.3.6 组织应保留下列方面的成文信息。

a)设计和开发变更;

b)评审的结果;

c)更改的授权；

d)为防止不良影响所采取的措施。

——8.4.1 组织应基于外部供方按照要求提供过程、产品和服务的能力,确定并实施对外部供方的评价、选择、绩效监视以及再评价的准则。对于这些活动和由评价引发的任何必要的措施,组织应保留成文信息。

——8.5.2 当有可追溯要求时,组织应控制输出的唯一性标识,并应保留所需的成文信息以实现可追溯。

——8.5.3 组织应向顾客或外供方报告,并保留所发生情况的成文信息。

——8.5.6 变更控制组织应保留成文信息,包括有关更改评审的结果、授权进行更改的人员以及根据评审所采取的必要措施。

——8.6 产品和服务的放行组织应保留有关产品和服务放行的成文信息。成文信息应包括：

a)符合接收准则的证据；

b)可追溯到授权放行人员的信息；

——8.7.2 组织应保留下列成文信息：

a)描述不合格；

b)描述所采取的措施；

c)描述所获得的让步；

d)识别处置不合格决定的授权。

——9.1.1（9.1 监视、测量、分析和评价）总则组织应保留适当的成文信息,以作为结果的证据。

——9.2.2f)保留成文信息,作为实施审核方案以及审核结果的证据。

——9.3.3 管理评审输出组织应保留成文信息,作为管理评审结果的证据。

——10.2.2 组织应保留成文信息,作为下列事项的证据：

a)不合格的性质以及随后采取的措施；

b)纠正措施的结果。

【审核要求】

(1)组织是否按本条款要求确定了对质量管理体系成文信息的内容、成文信息创建和更新要求,并实施了对成文信息的控制。

(2)新版标准在质量管理体系文件化方面赋予了组织更多的弹性和灵活性,着重强调要建立一个文件化的质量管理体系,而不是一个文件体系。对审核而言,将从过去的单纯依赖于文件和记录的审核真正转换到基于"过程方法"的审核。审核时不能单一使用传统的"有文件吗""有记录吗"等问答方式。

(3)审核员应关注组织是否充分识别了质量管理体系范围内的过程及其相互关系,从系统角度判断组织过程运行,尤其跨部门运行的过程的质量影响因素及其对应的风险控制实施效果,进而判断组织为确保过程有效策划、运行和控制所需的过程是否有必要形成文件的信息。

(4)查阅组织形成文件的信息的明细或清单,是否符合标准的要求,是否满足组织自身质量管理体系的需要,通过沟通交流,了解组织是如何控制形成文件的信息,是否达到了控制的目的。

(5)现场了解形成文件的信息实际受制情况。

第八节 运 行

【标准要求】

> **8.1 运行的策划和控制**
>
> 为满足产品和服务提供的要求,并实施第 6 章所确定的措施,组织应通过以下措施对所需的过程(见 4.4)进行策划、实施和控制:
>
> a)确定产品和服务的要求;
>
> b)建立下列内容的准则:
>
> 　　1)过程;
>
> 　　2)产品和服务的接收。
>
> c)确定所需的资源以使产品和服务符合要求;
>
> d)按照准则实施过程控制;
>
> e)在必要的范围和程度上,确定并保持、保留成文信息,以:
>
> 　　1)确信过程已经按策划进行;
>
> 　　2)证实产品和服务符合要求。
>
> 策划的输出应适合于组织的运行。
>
> 组织应控制策划的变更,评审非预期变更的后果,必要时,采取措施减轻不利影响。
>
> 组织应确保外包过程受控(见 8.4)。

【相关术语/词语】

(1)策划:积极主动地想办法。谋划、计划。

(2)控制:掌握住不使任意活动或超出范围。

(3)3.7.6　产品　product。

在组织和顾客(3.2.4)之间未发生任何交易的情况下,组织(3.2.1)能够产生的输出(3.7.5)。

注1:在供方(3.2.5)和顾客之间未发生任何必要交易的情况下,可以实现产品的生产。但是,当产品交付给顾客时,通常包含服务(3.7.7)因素。

注2:通常,产品的主要要素是有形的。

注3:硬件是有形的,其量具有计数的特性(3.10.1)(如:轮胎)。流程性材料是有形的,其量具有连续的特性(如:燃料和软饮料)。硬件和流程性材料经常被称为货物。软件由信息(3.8.2)组成,无论采用何种介质传递(如:计算机程序、移动电话应用程序、操作手册、字典、音乐作品版权、驾驶执照)。

(4)3.7.7　服务　service。

至少有一项活动必须在组织(3.2.1)和顾客(3.2.4)之间进行的组织的输出(3.7.5)。

注1:通常,服务的主要要素是无形的。

注2:通常,服务包含与顾客在接触面的活动,除了确定顾客的要求(3.6.4)以提供服务外,可能还包括与顾客建立持续的关系,如:银行、会计师事务所,或公共组织(如:学校或医院)等。

注3:服务的提供可能涉及,例如:

1)在顾客提供的有形产品(3.7.6)(如需要维修的汽车)上所完成的活动。

2)在顾客提供的无形产品(如为准备纳税申报单所需的损益表)上所完成的活动。

3)无形产品的交付(如知识传授方面的信息(3.8.2)提供)。
4)为顾客创造氛围(如在宾馆和饭店)。
注4:通常,服务由顾客体验。

(5)3.6.4 要求 requirement。
明示的、通常隐含的或必须履行的需求或期望。
注1:"通常隐含"是指组织(3.2.1)和相关方(3.2.3)的惯例或一般做法,所考虑的需求或期望是不言而喻的。
注2:规定要求是经明示的要求,如:成交信息(3.8.6)中阐明。
注3:特定要求可使用限定词表示,如:产品(3.7.6)要求、质量管理(3.3.4)要求、顾客(3.2.4)要求、质量要求(3.6.5)。
注4:要求可由不同的相关方或组织自己提出。
注5:为实现较高的顾客满意(3.9.2),可能有必要满足那些顾客既没有明示,也不是通常隐含或必须履行的期望。
注6:这是 ISO/IEC 导则 第1部分的 ISO 补充规定的附件 SL 中给出的 ISO 管理体系标准中的通用术语及核心定义之一,最初的定义已经通过增加注3至注5被改写。

(6)3.4.1 过程 process。
利用输入实现预期结果的相互关联或相互作用的一组活动。
注1:过程的"预期结果"称为输出(3.7.5),还是称为产品(3.7.6)或服务(3.7.7),随相关语境而定。
注2:一个过程的输入通常是其他过程的输出,而一个过程的输出又通常是其他过程的输入。
注3:两个或两个以上相互关联和相互作用的连续过程也可作为一个过程。
注4:组织(3.2.1)通常对过程进行策划,并使其在受控条件下运行,以增加价值。
注5:不易或不能经济地确认其输出是否合格(3.6.11)的过程,通常称之为"特殊过程"。
注6:这是 ISO/IEC 导则 第1部分的 ISO 补充规定的附件 SL 中给出的 ISO 管理体系标准中的通用术语及核心定义之一,最初的定义已经被改写,以避免过程和输出之间循环解释,并增加了注1至注5。

(7)准则:所遵循的标准或原则。
(8)3.4.6 外包 outsource。
安排外部组织(3.2.1)执行组织的部分职能或过程(3.4.1)。
注1:虽然外包的职能或过程是在组织的管理体系(3.5.3)范围内,但是外部组织是处在范围之外。
注2:这是 ISO/IEC 导则 第1部分的 ISO 补充规定的附件 SL 中给出的 ISO 管理体系标准中的通用术语及核心定义之一。

【理解要求】
(1)本条款要求组织应策划、实施和控制满足产品和服务要求所需的过程,并实施第6章所确定的对风险和机遇的应对措施。
(2)应策划的内容包括:确定产品和服务的要求(比2008版产品的质量目标和要求更适合于服务型组织的理解)、建立过程与产品和服务接受准则(相关的过程制定必要的准则,特别是服务过程)、确定符合产品与服务要求所需的资源(资源范围更加明确、具体,即"服务过程"也要确定资源需求)。策划的输出的结果应以适当的格式和媒介保存。
(3)应实施和控制的内容包括:按照准则实施过程控制,应保持、保留形成文件的信息,其程度应当可以确保所有的过程能够按照策划的要求得以实施,确保证实组织提供的产品和服务可以满足相关的要求及接受准则,组织应控制策划的变更,这些变更可能对运行造成影响。评审非预期变更的后果,在必要情况下,组织应采取措施以应对或减少任何不良影响。

【审核要求】

(1)组织是否按本条款的要求策划、实施和控制满足产品和服务要求所需的过程,并实施第 6 章所确定的对风险和机遇的应对措施。

(2)2016 版标准中用"运行"代替了 2008 版标准中的"产品实现",更便于理解,也更符合实际,更适于各类组织的实施,尤其是便于服务性组织。

(3)有人将运行策划范围比喻为"产品从出生到死亡"的全过程安排和构思,这是比较恰当的。本条款"运行策划和控制"代替 2008 版标准中的"产品实现的策划",是指产品和服务提供所需的运行过程,它包括:了解顾客要求、合同的签订、设计、采购、生产加工(或服务提供)、防护、产品的销售、交付及售后服务等过程。

(4)审核组织运行策划的结果,是否符合标准的要求。运行策划的输出是以何种形式体现。

(5)审核时关注 2008 版产品的"质量目标和要求"变化为"产品和服务的要求",明确了这一要求不仅仅针对产品,也包括服务,更适合于服务型组织的理解和实施。

(6)增加了"实施第 6 章所确定的措施"的要求,实施审核时应关注组织是否考虑并实施了相应的风险和机遇应对措施。

(7)增加了"组织应确保外包过程受控"的要求,实施审核时应关注组织是否明确外包过程是组织运行过程的一部分,同样应予以策划和控制。

【标准要求】

> **8.2 产品和服务的要求**
> **8.2.1 顾客沟通**
> 与顾客沟通的内容应包括:
> a)提供有关产品和服务的信息;
> b)处理问询、合同或订单,包括更改;
> c)获取有关产品和服务的顾客反馈,包括顾客投诉;
> d)处置或控制顾客财产;
> e)关系重大时,制定应急措施的特定要求。

【相关术语/词语】

(1)3.2.4 顾客 customer。

能够或实际接受为其提供的,或应其要求提供的产品(3.7.6)或服务(3.7.7)的个人或组织(3.2.1)。

示例:消费者、委托人、最终使用者、零售商、内部过程(3.4.1)的产品或服务的接收人、受益者和采购方。

注:顾客可以是组织内部的或外部的。

(2)沟通:本指开沟以使两水相通。后用以泛指使两方相通连,也指疏通彼此的意见。这里是组织与顾客之间的信息交流。

(3)3.9.1 反馈 feedback。

<顾客满意>对产品(3.7.6)、服务(3.7.7)或投诉处理过程(3.4.1)的意见、评价和诉求。

[源自:ISO 10002:2014,3.6,改写,术语"服务"已包括在定义中]

(4)3.9.3 投诉 complaint。

<顾客满意>就产品(3.7.6)、服务(3.7.7)或投诉处理过程(3.4.1),表达对组织(3.2.1)的不满,无论是否明确地期望得到答复或解决问题。

　　[源自:ISO 10002:2014,3.2,改写,术语"服务"已包括在定义中]

　　(5)处置:安排;处理。

　　(6)控制:掌握住不使任意活动或超出范围。

【理解要求】

　　(1)本条款要求组织明确与顾客沟通的内容,并实施与顾客沟通。

　　(2)标准要求与顾客沟通的内容应包括以下五个方面:

　　1)售前沟通:提供有关产品和服务的信息;

　　2)售中沟通:处理问询、合同或订单,包括变更;

　　3)售后沟通:获取有关产品和服务的顾客反馈,包括顾客投诉;

　　4)关于顾客财产的沟通:处置或控制顾客财产;

　　5)关于某些特定要求的沟通:关系重大时,制定有关应急措施的特定要求。

【举例】

　　(1)售前沟通:沟通要提供的产品和服务的细节,以便使潜在的顾客理解组织提供给顾客的是什么。这些信息可通过印刷品、网站、电话或其他适当的形式进行沟通。

　　(2)售中及售后沟通:建立适当的形式,与顾客可以随时沟通,以获取顾客提出的问题、疑虑、投诉、正面和负面反馈的信息。形式可包括但不限于直接发送电子邮件或拨打电话、在线调查、顾客保障渠道、面对面会议。

【审核要求】

　　(1)组织是否按本条款要求明确了与顾客沟通的内容,并实施了与顾客沟通。

　　(2)了解组织与顾客沟通是否包括标准要求的五个方面的内容。沟通的内容除了2008版标准要求的售前、售中、售后沟通内容外,增加了顾客财产的处理和控制,以及关系重大时,制定有关应急措施的特定要求。

　　(3)2016版标准关于顾客沟通的条款出现在了对顾客要求进行确定和评审之前,这一变化表明,组织不仅在和顾客建立了合同关系之后要进行沟通,在确定要向顾客提供什么产品和服务之前也应与顾客进行沟通,理解顾客要求,体现顾客要求的重要性。

【标准要求】

8.2.2　产品和服务要求的确定

　　在确定向顾客提供的产品和服务的要求时,组织应确保:

　　a)产品和服务的要求得到规定,包括:

　　　1)适用的法律法规要求;

　　　2)组织认为的必要要求。

　　b)提供的产品和服务能够满足所声明的要求。

【相关术语/词语】

　　(1)3.7.6　产品　product。

　　在组织和顾客(3.2.4)之间未发生任何交易的情况下,组织(3.2.1)能够产生的输出(3.7.5)。

　　注1:在供方(3.2.5)和顾客之间未发生任何必要交易的情况下,可以实现产品的生产。但是,当产品交

付给顾客时,通常包含服务(3.7.7)因素。

注2:通常,产品的主要要素是有形的。

注3:硬件是有形的,其量具有计数的特性(3.10.1)(如:轮胎)。流程性材料是有形的,其量具有连续的特性(如:燃料和软饮料)。硬件和流程性材料经常被称为货物。软件由信息(3.8.2)组成,无论采用何种介质传递(如:计算机程序、移动电话应用程序、操作手册、字典、音乐作品版权、驾驶执照)。

(2)3.7.7　服务　service。

至少有一项活动必需在组织(3.2.1)和顾客(3.2.4)之间进行的组织的输出(3.7.5)。

注1:通常,服务的主要要素是无形的。

注2:通常,服务包含与顾客在接触面的活动,除了确定顾客的要求(3.6.4)以提供服务外,可能还包括与顾客建立持续的关系,如:银行、会计师事务所,或公共组织(如:学校或医院)等。

注3:服务的提供可能涉及,例如:

1)在顾客提供的有形产品(3.7.6)(如需要维修的汽车)上所完成的活动。

2)在顾客提供的无形产品(如为准备纳税申报单所需的损益表)上所完成的活动。

3)无形产品的交付(如知识传授方面的信息(3.8.2)提供)。

4)为顾客创造氛围(如在宾馆和饭店)。

注4:通常,服务由顾客体验。

(3)3.6.4　要求　requirement。

明示的、通常隐含的或必须履行的需求或期望。

注1:"通常隐含"是指组织(3.2.1)和相关方(3.2.3)的惯例或一般做法,所考虑的需求或期望是不言而喻的。

注2:规定要求是经明示的要求,如:成交信息(3.8.6)中阐明。

注3:特定要求可使用限定词表示,如:产品(3.7.6)要求、质量管理(3.3.4)要求、顾客(3.2.4)要求、质量要求(3.6.5)。

注4:要求可由不同的相关方或组织自己提出。

注5:为实现较高的顾客满意(3.9.2),可能有必要满足那些顾客既没有明示,也不是通常隐含或必须履行的期望。

注6:这是ISO/IEC导则 第1部分的ISO补充规定的附件SL中给出的ISO管理体系标准中的通用术语及核心定义之一,最初的定义已经通过增加注3至注5被改写。

(4)确定:固定,明确肯定。

(5)确保:切实保持或保证。

(6)规定:泛指定出具体要求。事先对某一事物所作关于方式、方法或数量、质量的决定。

【理解要求】

(1)本条款要求组织在确定向顾客提供的产品和服务的要求时,应确保两点:一是产品和服务的要求得到规定,二是提供的产品和服务能够满足所声明的要求。

(2)确定与产品和服务有关的要求,目的是充分了解与产品和服务有关的全部要求后,才能做到通过满足要求而达到顾客满意的目标。

(3)标准要求,在确定向顾客提供的产品和服务的要求时,组织应确保两条:

1)产品和服务的要求得到规定(所有的要求应说到);

2)对其所提供的产品和服务,能够满足组织声称的要求(说到的要求要能做到)。

(4)规定的要求包括以下两个方面内容:

1)适用的法律法规要求;
2)组织认为的必要要求。

【举例】
与冰箱产品有关的要求举例。
1)产品要要求得到规定:
a)法律法规的要求:制冷媒体符合环保要求,冰箱安全性通过"3C"认证、符合国家规定的能效比等;
b)组织认为必要的要求:各种规格、型号和颜色,制冷、省电、噪声低的要求,"三包"以及维修的有关承诺等。
2)生产的冰箱应能满足上述要求。

【审核要求】
(1)组织是否按本条款要求在确定向顾客提供的产品和服务的要求时,确保了产品和服务的要求得到规定、提供的产品和服务能够满足所声明的要求。
(2)抽查组织质量管理体系内所覆盖的产品和服务,其要求是否得到规定,规定是否包括了适用的法律法规要求及组织认为的必要要求的内容。
(3)查阅产品和服务放行的形成文件的信息,看其提供的产品和服务是否满足了规定的要求。

【标准要求】

8.2.3 产品和服务要求的评审

8.2.3.1 组织应确保有能力向顾客提供满足要求的产品和服务。在承诺向顾客提供产品和服务之前,组织应对如下各项要求进行评审:
  a)顾客规定的要求,包括对交付及交付后活动的要求;
  b)顾客虽然没有明示,但规定的用途或已知的预期用途所必需的要求;
  c)组织规定的要求;
  d)适用于产品和服务的法律法规要求;
  e)与以前表述不一致的合同或订单要求。
组织应确保与以前规定不一致的合同或订单要求已得到解决。
若顾客没有提供成文的要求,组织在接受顾客要求前应对顾客要求进行确认。
注:在某些情况下,如网上销售,对每一个订单进行正式的评审可能是不实际的,作为替代方法,可评审有关的产品信息,如产品目录。

8.2.3.2 适用时,组织应保留与下列方面有关的成文信息:
  a)评审结果;
  b)产品和服务的新要求。

【相关术语/词语】
(1)3.2.4 顾客 customer。
能够或实际接受为其提供的,或按其要求提供的产品(3.7.6)或服务(3.7.7)的个人或组织(3.2.1)。
示例:消费者、委托人、最终使用者、零售商、内部过程(3.4.1)的产品或服务的接收人、受益者和采购方。

注:顾客可以是组织内部的或外部的。

(2)3.6.4 要求 requirement。

明示的、通常隐含的或必须履行的需求或期望。

注1:"通常隐含"是指组织(3.2.1)和相关方(3.2.3)的惯例或一般做法,所考虑的需求或期望是不言而喻的。

注2:规定要求是经明示的要求,如:成交信息(3.8.6)中阐明。

注3:特定要求可使用限定词表示,如:产品(3.7.6)要求、质量管理(3.3.4)要求、顾客(3.2.4)要求、质量要求(3.6.5)。

注4:要求可由不同的相关方或组织自己提出。

注5:为实现较高的顾客满意(3.9.2),可能有必要满足那些顾客既没有明示,也不是通常隐含或必须履行的期望。

注6:这是ISO/IEC导则 第1部分的ISO补充规定的附件SL中给出的ISO管理体系标准中的通用术语及核心定义之一,最初的定义已经通过增加注3至注5被改写。

(3)3.11.2 评审 review。

对客体(3.6.1)实现所规定目标(3.7.1)的适宜性、充分性或有效性(3.7.11)的确定(3.11.1)。

示例:管理评审、设计和开发(3.4.8)评审、顾客(3.2.4)要求(3.6.4)评审、纠正措施(3.12.2)评审和同行评审。

注:评审也可包括确定效率(3.7.10)。

【理解要求】

(1)本条款要求组织应在承诺向顾客提供产品和服务之前,对要求进行评审,以确保有能力向顾客提供满足要求的产品和服务,并保留相关的成文信息。

(2)评审目的:组织应正确理解并明确确定产品和服务要求,且确保有能力实现这些要求。

(3)评审时机:在承诺向顾客提供产品和服务之前,组织应进行评审。如:提交标书,接受合同或订单之前及合同或定单的更改之前。

(4)评审内容包括以下五项:

1)顾客明确的要求,包括对交付及交付后活动的要求;

2)顾客虽然没有明示,但规定的用途或已知的预期用途所必需的要求;

3)组织规定的要求;

4)适用于产品和服务的法律法规要求;

5)与先前表述存在差异的合同或订单要求。

(5)评审方式:标准没有要求,以适合组织的运行方式自主选择。方式可以有多种,如授权签字、会议评审、相关部门或人员的会签,对网上销售产品目录或广告的评审等。

(6)评审记录:对不同的评审方式,可采取不同的评审记录,如电话记录、在订单上签字或专用评审记录表格等。但记录应包括以下方面的内容:

1)评审结果;

2)产品和服务的新要求。

【举例】

(1)与产品有关的要求的评审时机与频次图(见图2-2)。

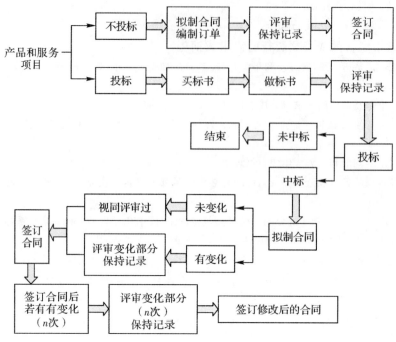

图 2-2 要求评审时机与频次图

(2)评审内容举例。

1)顾客明确规定的要求,包括对产品固有特性的要求(如使用性能、可靠性等),对产品交付要求(如交货期、包装等),对交付后活动的要求(如售后服务等)。这些要求通常在招标书、合同、订单等文件中明确规定,或以口头订单的方式明确。

2)顾客虽然没有明确规定,但规定的用途或已知预期的用途所必然要包含的要求。这部分要求是较难全面识别的,可能需要通过市场调研、顾客对产品改进的建议、竞争对手分析等方式和渠道来获取相应信息。

3)与产品有关的法律、法规要求,包括环境、安全、健康等方面与产品及产品实现过程有关的法律、法规要求和强制性标准。由于法律、法规变更信息的随时掌握,以及当涉及新产品或在新的地域、行业开展业务时应识别相应的特定法律、法规要求。

4)组织确定的任何附加要求,如组织的内控规定、"三包"的承诺等。

5)与先前表述存在差异的合同或订单要求,如实现较高的顾客满意,可能有必要满足那些顾客原先既没有明示,也不是通常隐含或必须履行的期望的新要求。

【审核要求】

(1)组织是否按本条款的要求在承诺向顾客提供产品和服务之前,对要求进行评审,以确保有能力向顾客提供满足要求的产品和服务。

(2)抽查相关成文信息,关注评审的时机是否在承诺向顾客提供产品和服务之前。即在标书投标之前、合同签订之前及订单接受之前或合同或定单的更改之前。

(3)重点关注组织实施评审的目的是确保有能力向顾客提供满足要求的产品和服务,而不是流于形式。

(4)查阅相关成文信息,关注评审的内容是否包括了标准要求的五项内容,尤其是要关注评审产品和服务新要求的记录。
【标准要求】

> **8.2.4 产品和服务要求的更改**
> 若产品和服务要求发生更改,组织应确保相关的成文信息得到修改,并确保相关人员知道已更改的要求。

【相关术语/词语】

(1)3.6.4 要求 requirement。

明示的、通常隐含的或必须履行的需求或期望。

注1:"通常隐含"是指组织(3.2.1)和相关方(3.2.3)的惯例或一般做法,所考虑的需求或期望是不言而喻的。

注2:规定要求是经明示的要求,如:成交信息(3.8.6)中阐明。

注3:特定要求可使用限定词表示,如:产品(3.7.6)要求、质量管理(3.3.4)要求、顾客(3.2.4)要求、质量要求(3.6.5)。

注4:要求可由不同的相关方或组织自己提出。

注5:为实现较高的顾客满意(3.9.2),可能有必要满足那些顾客既没有明示,也不是通常隐含或必须履行的期望。

注6:这是 ISO/IEC 导则 第1部分的 ISO 补充规定的附件 SL 中给出的 ISO 管理体系标准中的通用术语及核心定义之一,最初的定义已经通过增加注3至注5被改写。

(2)更改:变动、改变、改换、改动。

【理解要求】

(1)本条款要求组织在产品和服务要求发生更改时,应确保相关的形成文件的信息得到修改,并确保相关人员知道已更改的要求。

(2)组织宜采取适宜的沟通方法,确保所有相关人员知道已更改的要求,如在内部网络平台发布电子邮件、会议纪要、修改后的订单通知等。只有这样,才能保证组织提供的产品和服务能够满足变更后的产品和服务要求。

【举例】

产品和服务要求更改后的不符合项举例如下:

审核员在生产部成品库现场发现一批 AXT 型塑料件库存共计 1 000 件,上面标注了"因合同更改积压"的字样。生产部长解释说:"这是大运公司今年1月份订的货,本来说好要 3 000 件,我这边生产计划也都排好了,可等生产出来之后,销售部却对我说,客户曾经来电话说只要 2 000 件,销售员以为我们肯定也知道这个事情,就没有通知我们。瞧,结果就积压了这 1 000 件。因为是定制的,不是通用产品,不太好卖,到现在还没有卖出去。"

【审核要求】

(1)组织是否按本条款要求在产品和服务要求发生更改时,确保相关的形成文件的信息得到修改,并确保相关人员知道已更改的要求。

(2)查阅产品和服务要求发生更改后的成文信息,更要关注组织就产品和服务要求发生更改后,内部沟通的效果及有效性。

【标准要求】

> 8.3 产品和服务的设计和开发
> 8.3.1 总则
> 　　组织应建立、实施和保持适当的设计和开发过程,以确保后续的产品和服务的提供。

【相关术语/词语】

(1)3.4.8　设计和开发　design and development。

将对客体(3.6.1)的要求(3.6.4)转换为对其更详细的要求的一组过程(3.4.1)。

注1:形成的设计和开发输入的要求,通常是研究的结果。与形成的设计和开发输出(3.7.5)的要求相比较,可以用更宽泛和更通用的含意予以表达。通常,这些要求以特性(3.10.1)来规定。在一个项目(3.4.2)中,可以有多个设计和开发阶段。

注2:在英语中,单词"design"和"development"与术语"design and development"有时是同义的,有时用于规定整个设计和开发的不同阶段。在法语中,单词"conception"和"développement"与术语"conception et développement"有时是同义的,有时用于规定整个设计和开发的不同阶段。

注3:可以使用修饰词表述设计和开发的性质(如:产品(3.7.6)设计和开发、服务(3.7.7)设计和开发或过程设计和开发)。

(2)总则:指规章条例最前面的概括性的条文。

(3)建立:设置、设立、制定、订立。

(4)实施:实际的行为、实践、实际施行。

(5)保持:保留或维持(原状),保全,保护使不受损害。

【理解要求】

(1)本条款要求组织建立、实施并保持适当的设计和开发过程,以确保后续的产品和服务的提供。

(2)这是2015版增加的新要求。如果按照术语设计和开发的定义来理解,设计和开发是将对客体的要求转换为对其更详细的要求的一组过程,则一般组织几乎都存在设计和开发过程。该条款要求组织建立一个设计和开发过程,目的是确保了后续的产品和服务的提供能有效实施。如果就这个目的而言,应该包括过程的设计和开发,因为很多组织后续的产品和服务的提供是依靠过程的设计和开发输出的(例如流程性产品的设计和开发就是过程的设计和开发)。因此,这个条款的要求对多数组织来说都是实用的。

【审核要求】

(1)组织是否按本标准的要求建立了设计和开发过程,并得到了实施和保持。

(2)这需要审核员有一定的产品和服务的专业知识,才有能力验证组织的质量管理体系是否应当包括设计和开发过程,以及建立的设计和开发过程是否确保了后续的产品和服务的提供。

【标准要求】

> 8.3.2 设计和开发策划
> 　　在确定设计和开发的各个阶段和控制时,组织应考虑:
> 　　a)设计和开发活动的性质、持续时间和复杂程度;
> 　　b)所需的过程阶段,包括适用的设计和开发评审;

c）所需的设计和开发验证、确认活动；

d）设计和开发过程涉及的职责和权限；

e）产品和服务的设计和开发所需的内部、外部资源；

f）设计和开发过程参与人员之间接口的控制需求；

g）顾客及使用者参与设计和开发过程的需求；

h）对后续产品和服务提供的要求；

i）顾客和其他有关相关方期望的对设计和开发过程的控制水平；

j）证实已经满足设计和开发要求所需的成文信息。

【相关术语/词语】

（1）3.4.8　设计和开发　design and development。

将对客体(3.6.1)的要求(3.6.4)转换为对其更详细的要求的一组过程(3.4.1)。

注1：形成的设计和开发输入的要求，通常是研究的结果。与形成的设计和开发输出(3.7.5)的要求相比较，可以用更宽泛和更通用的含意予以表达。通常，这些要求以特性(3.10.1)来规定。在一个项目(3.4.2)中，可以有多个设计和开发阶段。

注2：在英语中，单词"design"和"development"与术语"design and development"有时是同义的，有时用于规定整个设计和开发的不同阶段。在法语中，单词"conception"和"développement"与术语"conception et développement"有时是同义的，有时用于规定整个设计和开发的不同阶段。

注3：可以使用修饰词表述设计和开发的性质(如：产品(3.7.6)设计和开发、服务(3.7.7)设计和开发或过程设计和开发)。

（2）策划：积极主动地想办法、谋划、计划。

（3）控制：掌握住不使任意活动或超出范围。

（4）考虑：思索问题，以便做出决定。

（5）性质：指事物的特性，本质。

（6）复杂：事物的种类或头绪多而杂。就是简单的反面，很难的意思。

（7）3.11.2　评审　review。

对客体(3.6.1)实现所规定目标(3.7.1)的适宜性、充分性或有效性(3.7.11)的确定(3.11.1)。

示例：管理评审、设计和开发(3.4.8)评审、顾客(3.2.4)要求(3.6.4)评审、纠正措施(3.12.2)评审和同行评审。

注：评审也可包括确定效率(3.7.10)。

（8）3.8.12　验证　verification。

通过提供客观证据(3.8.3)对规定要求(3.6.4)已得到满足的认定。

注1：验证所需的客观证据可以是检验(3.11.7)结果或其他形式的确定(3.11.1)结果，如：变换方法进行计算或文件(3.8.5)评审。

注2：为验证所进行的活动有时被称为鉴定过程(3.4.1)。

注3："已验证"一词用于表明相应的状态。

（9）3.8.13　确认　validation。

通过提供客观证据(3.8.3)对特定的预期用途或应用要求(3.6.4)已得到满足的认定。

注1：确认所需的客观证据可以是试验(3.11.8)结果或其他形式的确定(3.11.1)结果，如：变换方法进行

计算或文件(3.8.5)评审。

注2:"已确认"一词用于表明相应的状态。

注3:确认所使用的条件可以是实际的或是模拟的。

【理解要求】

(1)本条款要求组织对产品和服务设计和开发过程进行策划,并确保设计和开发过程按策划的要求进行控制。

(2)按照过程方法的管理原则,任何过程都应先策划。而设计和开发过程的策划是非常重要的(标准单独列为一条要求,而没有合并到8.1条款中)。组织在策划设计和开发的各个阶段及其控制时,应考虑以下10个方面的要求。

1)设计和开发活动的性质、持续时间和复杂程度;

2)所需的过程阶段,包括适用的设计和开发评审;

3)所需的设计、开发验证和确认活动;

4)设计和开发过程涉及的职责和权限;

5)产品和服务的设计和开发所需的内部和外部资源;

6)设计和开发过程参与人员之间接口的控制需求;

7)顾客和使用者参与设计和开发过程的需求;

8)对后续产品和服务提供的要求;

9)顾客和其他有关相关方期望的设计和开发过程的控制水平;

10)证实已经满足设计和开发要求所需的形成文件的信息。

【举例】

(1)几类产品和服务设计和开发流程举例。

1)某机械制造类产品(见图2-3)。

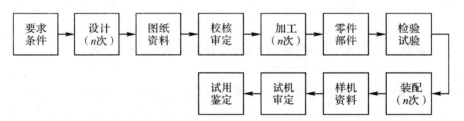

图2-3 机械类产品设计开发流程图

2)某化工类产品(见图2-4)。

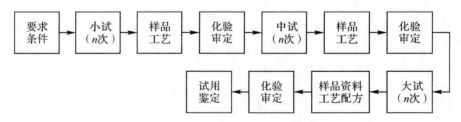

图2-4 化工类产品设计开发流程图

3)某软件产品(见图2-5)。

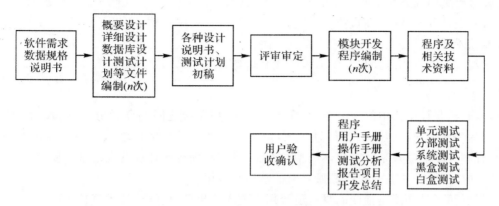

图2-5 软件类产品设计开发流程图

4)某旅游服务(见图2-6)。

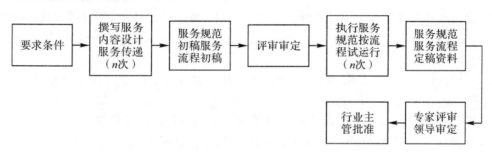

图2-6 旅游服务设计开发流程图

【审核要求】

(1)组织是否按本条款要求对产品和服务设计和开发过程进行了策划,并确保设计和开发过程按策划的要求进行控制。

(2)抽查组织典型的设计开发项目,看其设计和开发策划的输出(项目设计开发计划),其中计划是否包含了标准要求的10项内容。

(3)审核时要注意:简单的、风险低的设计开发项目,可以把评审、验证、确认三者/两者合在一起进行;如果是复杂的、风险高的(例如建筑设计或IT行业),则应策划为单独实施不同阶段的设计监控手段。不管是单独或是组合在一起进行,都应该在策划书中明确安排。

(4)设计开发过程中的许多活动都是按照设计开发策划来进行的,因此计划的充分性和适宜性尤为重要,应引起审核人员的特别关注。

【标准要求】

> **8.3.3 设计和开发输入**
> 组织应针对所设计和开发的具体类型的产品和服务,确定必需的要求。组织应考虑:
> a)功能和性能要求;
> b)来源于以前类似设计和开发活动的信息;
> c)法律法规要求;
> d)组织承诺实施的标准或行业规范;

> e)由产品和服务性质所导致的潜在的失效后果。
> 针对设计和开发的目的,输入应是充分和适宜的,且应完整、清楚。
> 相互矛盾的设计和开发输入应得到解决。
> 组织应保留有关设计和开发输入的成文信息。

【相关术语/词语】

(1)输入:是控制论中的一个概念,在控制论中,把系统之间的联系分成"输入"和"输出"。输入,包括物质输入、能量输入、信息输入,即表现为系统的功能。输入是系统存在的必要条件。设计和开发的输入是针对具体类型的产品和服务,确定设计和开发的基本要求。

(2)功能:效能;功效。指产品所具有的性质与效用。

(3)性能:产品性能是指产品具有适合用户要求的物理、化学或技术特性。

【理解要求】

(1)本条款要求组织应针对所设计和开发的具体类型的产品和服务,确定必需的要求。

(2)设计和开发的输入是设计和开发过程的开始。输入一旦确定,则对后续设计和开发的各个环节以及随后其他相关活动都有着至关重要的深远影响,同时为设计和开发的输出明确了预期的要求。

(3)针对具体类型的产品和服务,确定设计和开发的输入是设计和开发的重要活动,它应包括以下方面:

    1)功能和性能要求:这应由顾客、市场需要或组织进行调研后确定。

    2)来源于以前类似设计和开发活动的信息:这些信息是组织的知识,它可以帮助组织提高设计和开发的效率,通过借鉴以往类似设计的经验,不断完善设计开发活动,创造出更好的设计效果,也可以帮助组织借鉴前车之泽,避免和减少设计中的错误。

    3)法律法规要求:与该产品和服务有关的法律法规,如各种安全、健康和环保方面的要求。

    4)组织承诺实施的标准和行业规范:如质量、环境和职业健康安全管理体系标准及行业规范等。

    5)由产品和服务性质所决定的、失效的潜在后果:这是 2015 版标准新增的要求,产品和服务的失效,可能给顾客带来生命和财产的损失,这在设计和开发输入中必须要考虑的,并应有必要的应对措施。

(4)设计和开发的输入需要没有歧义、完整且和定义产品和服务特性的要求一致。设计和开发的输入不能自相矛盾,相互冲突的问题必须解决,否则无法实施设计和开发活动。

【举例】

(1)某公司开发的"智能型空调扇",其设计开发输入的记录见表 2-11。

表 2-11

设计项目名称	智能型空调扇	起止日期	2015年3月1日—7月30日
产品型号规格	2015ZV 型	目标成本	×××元
法律、法规要求	家用或类似用途电器安全适用标准 GB 4706.1（第 10、13、16、27 章） 通过 3C 认证		
产品功能要求	无级调速送风 自然风、睡眠风、森林风风型选择 限温开关功能 电子触摸式面板，手控或遥控 15min～6h 定时控制（定时误差±1min） 具有加湿、降温和净化空气功能		
产品性能要求	最大风速＞8m/s； 0～40℃温度感应±1℃； 遥控距离＞6 m； 加湿量 0.2～0.4l/h,持续 12 小时； 功率小于 65W； 噪声＜58dB； 防触电保护等级Ⅱ级； 风口降温 2～5℃（温度60%R.H）		
主要零部件	整机框架、送风系统、风向调节、加湿降温部分结构同 2005L－A 型（2010 年生产定型）； 操作面板位于项部前端斜面，采用轻触式按键。		
备注	采用中、英文对照说明书 公司以前设计的类似产品（略）		

(2)某有限责任公司班组信息化管理系统功能和性能的要求。

1)功能要求,见表 2-12。

表 2-12 功能要求

编号	功能/操作	编号	功能/操作
1	基础业务功能	2	核心业务功能
1.1	数据添加	2.1	数据定制导出
1.2	数据修改	2.2	业务报表打印
1.3	数据删除	2.3	数据综合查询
1.4	数据查询	2.4	附件上传

续 表

编号	功能/操作	编号	功能/操作
3	特殊业务功能	5	系统维护功能
3.1	数据自动生成	5.2	权限管理
3.2	可视化流程		部门设置
3.3	消息提醒		人员设置
3.4	动态角色机制		权限设置
4	内容管理功能		角色设置
4.1	数据添加		下级管理员设置
4.2	数据修改	5.3	数据平台
4.3	数据删除		数据节点设置
4.4	数据查询		参数设置
5	系统维护功能		脚本设置
5.1	账户管理		视图添加
	账户修改		格式修改
	密码修改		页面样式修改
	用户资料信息		页面版式修改

2)性能要求如下。

  a)可用性。包括:界面的美观与友好性要求,界面的形象设计,针对新疆电力系统的CI系统,采用 Windows 界面设计风格,并使用 Windows 操作习惯。

  b)可靠性。基于目前软件系统可支持至少1 000个网络客户端点的连接。大量的事务处理发生在中心服务器,要求在服务器端处理大量的业务逻辑及数据操作任务,对服务器的性能要求很高,服务器需要进行性能优化。用户操作端计算机不设计复杂的业务处理逻辑,只完成数据的上传与下载及交互处理。因此对客户机的性能要求较低。

连接速度:10MB~100MB 带宽;

CPU 使用率:20%~50%;

用户连接数:1 000 个用户端连接。

  c)可支持性,包括:

Ⅰ.编码标准。

基于目前网络软件规范并考虑未来软件的增长,软件实现手段上除利用目前的 HTML,JavaScript 及其组件标准外,同时使用 XML 标准存储处理数据。

Ⅱ.技术体系。

要综合考虑 NET 与 J2EE 两种技术体系的优缺点及性能价格比,本系统优先考虑采用 J2EE 技术。

设计约束如下:

操作系统:Windows2000 Advanced Server;

开发环境及工具:WebLogic+Java(HTML,XML,JavaScript)编程模式;

数据库:Oracle 11g。

【审核要求】

(1)组织是否按本条款要求针对所设计和开发的产品和服务,确定了必需的要求。

(2)抽查组织典型的设计开发项目,看该项目设计和开发输入(项目设计开发输入清单)其中是否包含了标准要求的 5 项内容。

(3)审核时要注意:该项目的输入是否完整、清楚,满足设计和开发的目的,是否有相互冲突的设计和开发输入内容。审核这项内容对审核员提出了较高的专业知识的要求。

【标准要求】

8.3.4 设计和开发控制

组织应对设计和开发过程进行控制,以确保:

a)规定拟获得的结果;

b)实施评审活动,以评价设计和开发的结果满足要求的能力;

c)实施验证活动,以确保设计和开发输出满足输入的要求;

d)实施确认活动,以确保形成的产品和服务能够满足规定的使用要求或预期用途;

e)针对评审、验证和确认过程中确定的问题采取必要措施;

f)保留这些活动的成文信息。

注:设计和开发的评审、验证和确认具有不同目的。根据组织的产品和服务的具体情况,可单独或以任意组合的方式进行。

【相关术语/词语】

(1)控制:掌握住不使任意活动或超出范围。

(2)3.11.2 评审 review。

对客体(3.6.1)实现所规定目标(3.7.1)的适宜性、充分性或有效性(3.7.11)的确定(3.11.1)。

示例:管理评审、设计和开发(3.4.8)评审、顾客(3.2.4)要求(3.6.4)评审、纠正措施(3.12.2)评审和同行评审。

注:评审也可包括确定效率(3.7.10)。

(3)3.8.12 验证 verification。

通过提供客观证据(3.8.3)对规定要求(3.6.4)已得到满足的认定。

注1:验证所需的客观证据可以是检验(3.11.7)结果或其他形式的确定(3.11.1)结果,如:变换方法进行计算或文件(3.8.5)评审。

注2:为验证所进行的活动有时被称为鉴定过程(3.4.1)。

注3:"已验证"一词用于表明相应的状态。

(4)3.8.13 确认 validation。

通过提供客观证据(3.8.3)对特定的预期用途或应用要求(3.6.4)已得到满足的认定。

注1：确认所需的客观证据可以是试验(3.11.8)结果或其他形式的确定(3.11.1)结果,如:变换方法进行计算或文件(3.8.5)评审。

注2："已确认"一词用于表明相应的状态。

注3：确认所使用的条件可以是实际的或是模拟的。

【理解要求】

(1)本条款要求组织对设计和开发过程进行控制,并保留控制活动的成文信息。

(2)2016版标准设计和开发控制合并了2008版标准中设计和开发评审、设计和开发验证及设计和开发确认三个条款,形成了对设计和开发控制的要求。为确保设计和开发过程有效,明确了设计和开发应控制的六项内容。

(3)评审、验证和确认都是设计和开发控制的重要手段,但目的不尽相同,要理解各自的内涵和区别。标准的注中说明了根据组织的产品和服务的具体情况,可以单独或任意组合进行,这在组织的设计和开发过程中结合自身实际需求,给予了较大的灵活性(见图2-7和表2-13)。

(4)设计和开发的控制活动必须保留成文信息。

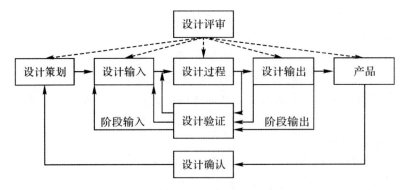

图2-7 设计评审、设计验证、设计确认过程图

表2-13 设计评审、设计验证、设计确认比较表

	设计评审	设计验证	设计确认
定义	对客体实现所规定目标的适宜性、充分性或有效性的确定	通过提供客观证据对规定要求已得到满足的认定	通过提供客观证据对特定的预期用途或应用要求已得到满足的认定
目的	评价设计结果(包括阶段结果)满足质量要求的能力,识别问题,提出措施	证实设计阶段输出是否确保设计阶段输入的要求	通过产品确认设计是否满足规定的使用要求或已知的预期用途
对象	各设计阶段结果	相关设计阶段输出,如设计输出文件、图纸、计算书或样本等	通常是最终产品(样品)或是提供给顾客的产品

续表

	设计评审	设计验证	设计确认
参与人员	与被评审设计阶段有关的所有职能部门代表，需要时，也应包括其他专家	通常是设计部门或检验部门	必须包括使用部门或能代表使用要求的人员
时机	过程的适当阶段，可以是一次或多次。	设计适当阶段，一般是设计阶段输出形成结果时	成功的设计验证后，一般针对最终产品，也可分阶段确认
方法	通常是采用会议、传阅方式	计算、试验、检测、演示、对比、文件发布前评审等	鉴定会或对提供确认的证据的认定（顾客确认、有资质部门的鉴定）
记录	保留这些活动的形成文件的信息		

【举例】

（1）设计和开发评审的方式可以是：采用会议评审、专家评审、逐级评审、同行评审等，有关职能部门的代表参加，必要时，顾客、最终用户和供方等相关方也可参与评审.

（2）验证设计和开发输出是否满足输入时，其方式可以是：

1）变换方式进行计算（如机床主轴强度计算，可采用查表法，也可采用力学计算方法）。

2）与已证实的类似设计比较。

3）试验和演示（如采用计算机模拟试验）。

4）设计文件发布前的评审（如对产品装配图、产品零件图、材料定额表的评审等）。

（3）设计和开发的确认方式可以是以下方式：

1）通过产品在实际使用状态下进行确认，如将产品送到用户处进行试用，经试用后请顾客参加评审。

2）通过使用各种技术手段，模拟使用和测试，获得证据进行确认。如通过计算机模拟使用情况进行确认，送到具有一定资质的检测机构，进行测试，以其出具的监测报告进行确认。

3）召开专家鉴定会，以专家评审的方式予以确认等。

4）以上几种方式的组合或其他。

【审核要求】

（1）组织是否按本条款要求对设计和开发过程进行了控制，并保留了控制活动的成文信息。

（2）抽查组织典型的设计开发项目，看该项目设计和开发过程控制，是否满足了标准要求的6项确保的内容。

（3）设计和开发的评审、验证和确认是否根据策划的安排进行的，查看设计和开发控制的相关记录是否符合相关文件规定的要求。

【标准要求】

> **8.3.5 设计和开发输出**
> 组织应确保设计和开发输出：
> a)满足输入的要求；
> b)满足后续产品和服务提供过程的需要；
> c)包括或引用监视和测量的要求，适当时，包括接收准则；
> d)规定产品和服务特性，这些特性对于预期目的、安全和正常提供是必需的。
> 组织应保留有关设计和开发输出的成文信息。

【相关术语/词语】

(1)3.4.8 设计和开发 design and development。

将对客体(3.6.1)的要求(3.6.4)转换为对其更详细的要求的一组过程(3.4.1)。

注1：形成的设计和开发输入的要求，通常是研究的结果。与形成的设计和开发输出(3.7.5)的要求相比较，可以用更宽泛和更通用的含意予以表达。通常，这些要求以特性(3.10.1)来规定。在一个项目(3.4.2)中，可以有多个设计和开发阶段。

注2：在英语中，单词"design"和"development"与术语"design and development"有时是同义的，有时用于规定整个设计和开发的不同阶段。在法语中，单词"conception"和"développement"与术语"conception et développement"有时是同义的，有时用于规定整个设计和开发的不同阶段。

注3：可以使用修饰词表述设计和开发的性质(如：产品(3.7.6)设计和开发、服务(3.7.7)设计和开发或过程设计和开发)。

(2)3.7.5 输出 output。

过程(3.4.1)的结果。

注：组织(3.2.1)的输出是产品(3.7.6)还是服务(3.7.7)，取决于其主要特性(3.10.1)，如：画廊销售的一幅画是产品，而接受委托绘画则是服务。在零售店购买的汉堡是产品，而在饭店里接受点餐并提供汉堡则是服务的一部分。

【理解要求】

(1)本条款要求组织应确保设计和开发输出满足标准规定的4项要求，并保留有关设计和开发输出的成文信息。

(2)不同类型产品(硬件、软件、流程性材料)和服务的设计和开发输出可以有不同的形式(如样品、图纸、程序、工艺、配方、规范等)，但应能对照输入进行验证，且能满足设计和开发输入的要求。

(3)不同类型的设计以及不同设计阶段可能有不同形式的输出，但应对哪些输出做出规定，并应为采购、生产和服务等后续过程提供给出适当的信息，以保证通过采购、生产和服务等后续过程运行有充分的依据。

(4)输出还应包括或引用监测的要求，适当时，包括产品接收的准则，用以判断后续的各产品实现过程的输出是否符合设计开发要求，包括在采购、生产和服务等后续提供过程中所依据的检验和试验要求。

(5)产品的设计和开发输出中，还应确定哪些是对产品正常使用的所必需特性和对产品安全性有影响的安全特性，以保证在后续的产品实现过程、产品验收、交付乃至使用中实施适当控制。

(6)设计和开发输出通常采用图纸、产品规范、配方、程序等文件形式表达,无论采用何种形式,均应保留有关设计和开发输出的形成文件的信息。

【举例】

(1)某公司干式高压真空断路器,设计开发输出文件清单。

 1)图样目录;
 2)外购件汇总表;
 3)标准件汇总表;
 4)零件明细表;
 5)技术条件;
 6)产品包装规程;
 7)标准化审查报告;
 8)试制鉴定大纲;
 9)型式试验报告;
 10)安装使用说明书;
 11)装箱单等。

(2)不同的产品和服务的输出举例。

 1)某机械制造类产品:样机、成套的图纸及技术资料。
 2)某化工类产品:样品、工艺技术资料。
 3)某软件产品:程序及用户手册操作手册测试分析报告项目开发总结等资料。
 4)某旅游服务:旅游服务规范和服务流程等。

【审核要求】

(1)组织是否按本条款要求确保了设计和开发输出满足标准规定的 4 项内容,并保留了有关设计和开发输出的成文信息。

(2)抽查组织典型的设计开发项目,看其设计和开发的输出(设计开发输出清单),设计和开发输出的是否包含了标准要求的 4 项内容;

(3)审核时要注意:不同类型产品(硬件、软件、流程性材料)和服务,其设计和开发输出可以有不同的形式(如样品、图纸、程序、工艺、配方、规范等),因此,要学习和掌握一定的专业知识,才能胜任产品设计和开发的审核工作。

【标准要求】

8.3.6 设计和开发更改

组织应对产品和服务在设计和开发期间以及后续所做的更改进行适当的识别、评审和控制,以确保这些更改对满足要求不会产生不利影响。

组织应保留下列方面的成文信息:

a)设计和开发更改;
b)评审的结果;
c)更改的授权;
d)为防止不利影响而采取的措施。

【相关术语/词语】
    (1)更改:变动、改变、改换、改动。设计和开发更改就对原设计和开发的内容进行修改、完善、优化。
    (2)变更:(动)改换、改为。

【理解要求】
    (1)本条款要求组织对设计和开发的更改进行适当的识别、评审和控制,以确保这些更改对满足要求不会产生不利影响,并保留有关的成文信息。
    (2)设计和开发更改贯穿于设计和开发期间,也包括后续所做的更改。2008版标准要求"应对设计和开发的更改进行适当的评审、验证和确认,并在实施前得到批准",2015版标准内容要求有变化,而是"应识别、评审和控制"设计和开发的更改。组织应根据变更项目的具体性质、范围、特点、内容以及对后续过程和最终产品的影响程度对设计和开发的更改进行策划和控制。
    (3)标准明确了对设计和开发的更改要保留以下四个方面要形成文件的信息:
        1)设计和开发变更;
        2)评审的结果;
        3)变更的授权;
        4)为防止不利影响而采取的措施。

【审核要求】
    (1)组织是否按本条款要求对设计和开发的更改进行了适当的识别、评审和控制,是否保留了有关的成文信息。
    (2)询问组织的设计和开发有否存在更改的情况,如果有,则应交流组织是如何识别、评审及控制产品和服务设计、开发期间以及后续所做的更改,又是如何避免不利影响的产生或是如何采取措施应对产生的不利影响。
    (3)审核时要查阅设计和开发的变更所保留的形成文件的信息是否包括标准所要求的四个方面的内容。

【标准要求】

8.4 外部提供的过程、产品和服务的控制

8.4.1 总则

组织应确保外部提供的过程、产品和服务符合要求。

在下列情况下,组织应确定对外部提供的过程、产品和服务实施的控制:
a)外部供方的产品和服务将构成组织自身的产品和服务的一部分;
b)外部供方代表组织直接将产品和服务提供给顾客;
c)组织决定由外部供方提供过程或部分过程。

组织应基于外部供方按照要求提供过程、产品和服务的能力,确定并实施对外部供方的评价、选择、绩效监视以及再评价的准则。对于这些活动和由评价引发的任何必要的措施,组织应保留成文信息。

【相关术语/词语】
    (1)3.2.5 供方 provider(supplier)。

提供产品(3.7.6)或服务(3.7.7)的组织(3.2.1)。

示例:产品或服务的制造商、批发商、零售商或商贩。

注1:供方可以是组织内部的或外部的。

注2:在合同情况下,供方有时称为"承包方"。

(2)3.2.6　外部供方　external provider (external supplier)。

组织(3.2.1)以外的供方(3.2.5)。

示例:产品(3.7.6)或服务(3.7.7)的制造商、批发商、零售商或商贩。

(3)控制:掌握住不使任意活动或超出范围。

(4)3.4.1　过程　process。

利用输入实现预期结果的相互关联或相互作用的一组活动。

注1:过程的"预期结果"称为输出(3.7.5),还是称为产品(3.7.6)或服务(3.7.7),随相关语境而定。

注2:一个过程的输入通常是其他过程的输出,而一个过程的输出又通常是其他过程的输入。

注3:两个或两个以上相互关联和相互作用的连续过程也可作为一个过程。

注4:组织(3.2.1)通常对过程进行策划,并使其在授控条件下运行,以增加价值。

注5:不易或不能经济地确认其输出是否合格(3.6.11)的过程,通常称之为"特殊过程"。

注6:这是 ISO/IEC 导则 第1部分的 ISO 补充规定的附件 SL 中给出的 ISO 管理体系标准中的通用术语及核心定义之一,最初的定义已经被改写,以避免过程和输出之间循环解释,并增加了注1至注5。

【理解要求】

(1)本条款要求组织应确定对外部提供的过程、产品和服务实施的控制,以确保外部提供的过程、产品和服务符合要求,并保留相关控制活动的成文信息。

(2)外部供方提供的过程、产品和服务范围如下:

　　1)外部供方的过程、产品和服务构成组织自身的产品和服务的一部分,如原辅材料供方、外购零部件的供方、电镀、热处理等工序的外协供方、铸件、锻件外包供方等;

　　2)外部供方代替组织直接将产品和服务提供给顾客,如建筑施工的分包方、提供代理维修和维护服务的组织和个人、提供销售代理服务的组织和个人等;

　　3)组织决定由外部供方提供过程或部分过程,如提供技术、咨询服务的组织和个人,提供运输服务的组织和个人,提供检验和检测服务的组织和个人等。

(3)组织对外部提供过程、产品和服务的控制体现在对外部供方的评价、选择、绩效监视以及再评价,因此组织应确定外部供方的评价、选择、绩效监视以及再评价的准则,并加以实施。

(4)一般情况下对外部供方的评价是从供货质量、服务的绩效、交货的及时率、价格及售后服务以及与产品有关的历史业绩等方面进行综合评价,然后优选出合格的外部供方,形成合格外部供方名录待选用。同时组织还可通过对进货产品进行检测验证、第二方审核、现场调查、供方业绩评价、顾客满意测量、征询供方其他顾客的反映及社会信誉等对外部供方的绩效进行监视,必要进行再评价,保留有良好信誉的合格外部供方,在合格外部供方名录中剔除不合格的外部供方,对外部供方实施动态管理。

(5)对于这些活动和由评价引发的任何必要的措施,组织都应保留所需的形成文件的信息。

【举例】

(1)对外部供方评价、选择、绩效监视以及再评价的主要内容有:

　　1)外部供方提供过程、产品和服务质量状况或来自有关方面的信息(已向其他组织提供同类过程、产品和服务的质量状况）；

2）外部供方质量管理体系对按要求如期提供稳定质量的过程、产品和服务的保证能力；

3）外部供方的顾客满意程度；

4）售后服务和技术支持能力（如零配件供应，维修服务等）；

5）履约能力、价格、交付的及时性等。

(2) 外部供方举例：

1）提供原辅材料的组织和个人；

2）提供加工服务的组织和个人；

3）提供技术、咨询服务的组织和个人；

4）提供运输服务的组织和个人；

5）提供检验和检测服务的组织和个人；

6）提供维修和维护服务的组织和个人；

7）提供销售代理服务的组织和个人等。

【审核要求】

(1) 组织是否按本条款要求确定了对外部提供的过程、产品和服务实施的控制，并保留了相关控制活动的成文信息。

(2) 要关注是否制定了评价、选择、绩效监视以及再评价外部供方的准则。

(3) 查阅评价、选择、绩效监视以及再评价外部供方的活动及由上述活动引发的任何必要的措施保留所需的成文信息。

【标准要求】

8.4.2 控制类型和程度

组织应确保外部提供的过程、产品和服务不会对组织稳定地向顾客交付合格产品和服务的能力产生不利影响。

组织应：

a) 确保外部提供的过程保持在其质量管理体系的控制之中；

b) 规定对外部供方的控制及其输出结果的控制；

c) 考虑：

1）外部提供的过程、产品和服务对组织稳定地满足顾客要求和适用的法律法规要求的能力的潜在影响；

2）由外部供方实施控制的有效性；

d) 确定必要的验证或其他活动，以确保外部提供的过程、产品和服务满足要求。

【相关术语/词语】

(1) 控制：掌握住不使任意活动或超出范围。

(2) 类型：是指由各特殊的事物或现象抽出来的共通点，根据事物本身的性质或特点而分成的门类。人们常常把一个较抽象的事物分成几个种类，方便别人理解。

(3) 程度：法度；标准。

【理解要求】

(1) 本条款要求组织应对外部提供的过程、产品和服务确定控制类型和程度，以确保外部提供的过程、产品和服务不会对组织稳定地向顾客交付合格产品和服务的能力产生不利影响。

(2)组织对外部提供的过程、产品和服务进行控制，其控制的类型和程度取决于外部提供的过程、产品和服务对组织持续地向顾客交付合格产品和服务的能力产生不利影响的程度。

(3)组织应从外部提供的过程、产品和服务对组织持续地满足顾客要求和适用的法律法规要求的能力的影响（包括潜在影响）以及外部供方自身实施控制的有效性考虑，规定如何对外部供方的控制及其输出结果的控制，以确保外部提供的过程保持在其质量管理体系的控制之中。

(4)策划的结果应体现在确定了必要的验证或其他活动，以确保外部提供的过程、产品和服务满足要求。

【举例】

(1)从外部提供的过程、产品和服务对组织持续地向顾客交付合格产品和服务的能力产生影响而言，直接会产生影响的包括原材料、设计的分包等，间接会产生影响的包括设备、工具、备品备件等。哪些外部供方提供的过程、产品和服务需要按本标准的要求加以控制就取决于是否造成影响的分析，如油墨用于职工文化生活时不需要控制，而用于纸箱厂的印刷时则必须加以控制。而控制的类型和程度就取决于其影响程度，例如对服装厂而言，对服装用的面辅料和包装箱的控制要求是不一样的。

(2)必要的验证或其他活动可以包括：检验（测量、化验或试验）、目测（包装、产品外观）、查证（合格证、质量证明书、检验报告）和试用等。

【审核要求】

(1)组织是否按本条款要求对外部提供的过程、产品和服务确定了控制类型和程度。

(2)组织对外部供方的控制类型和程度是否分类分级实施差异性的控制，是如何确定并实施这样的控制的；

(3)关注组织确定了哪些必要的验证或其他活动，以确保外部提供的过程、产品和服务满足要求。

【标准要求】

> **8.4.3 提供给外部供方的信息**
>
> 组织应确保在与外部供方沟通之前所确定的要求是充分和适宜的。
> 组织应与外部供方沟通以下要求：
> a)需提供的过程、产品和服务；
> b)对下列内容的批准：
>   1)产品和服务；
>   2)方法、过程和设备；
>   3)产品和服务的放行；
> c)能力，包括所要求的人员资格；
> d)外部供方与组织的互动；
> e)组织使用的对外部供方绩效的控制和监视；
> f)组织或其顾客拟在外部供方现场实施的验证或确认活动。

【相关术语/词语】

(1)信息:指事物发出的消息、指令、数据、符号等所包含的内容。信息是对客观世界中各种事物的运动状态和变化的反映,是客观事物之间相互联系和相互作用的表征,表现的是客观事物运动状态和变化的实质内容。信息是事物存在方式或运动状态,以这种方式或状态直接或间接的表述。信息是提供决策的有效数据。

(2)沟通:本指开沟以使两水相通。后用以泛指使两方相通连,也指疏通彼此的意见。这里是组织与外部供方之间的信息交流。

【理解要求】

(1)本条款要求组织应确定提供给外部供方的信息,以确保在与外部供方沟通之前所确定的要求是充分和适宜的。组织应对确定的信息与外部供方实施沟通。

(2)组织应与外部供方沟通以下内容:
 1)所提供的过程、产品和服务;
 2)对下列内容的批准:
  a)产品和服务;
  b)方法、过程和设备;
  c)产品和服务的放行;
 3)能力,包括所要求的人员资质;
 4)外部供方与组织的接口;
 5)组织对外部供方绩效的控制和监视;
 6)组织或其顾客拟在外部供方现场实施的验证或确认活动。

(3)组织对上述要求在与供方沟通前,应确保采购要求是适宜的,即适合组织的产品和服务的需要,而且是充分的,即提出的要求是全面的。组织的规模与产品和服务的不同,与外部供方沟通的要求可以是书面的,例如采购合同、采购协议、采购计划等,也可以是口头的,如电话订货等。

【审核要求】

(1)组织是否按本条款要求确定了提供给外部供方的信息,并实施了沟通。

(2)抽查组织与有关外部供方的沟通信息是否适宜和充分。

【标准要求】

8.5 生产和服务提供

8.5.1 生产和服务提供的控制

组织应在受控条件下进行生产和服务提供。

适用时,受控条件应包括:

a)可获得成文信息,以规定以下内容:
 1)拟生产的产品、提供的服务或进行的活动的特性;
 2)拟获得的结果。

b)可获得和使用适宜的监视和测量资源;

c)在适当阶段实施监视和测量活动,以验证是否符合过程或输出的控制准则以及产品和服务的接收准则;

> d)为过程的运行使用适宜的基础设施,并保持适宜的环境。
> e)配备胜任的人员,包括所要求的资格。
> f)若输出结果不能由后续的监视或测量加以验证,应对生产和服务提供过程实现策划结果的能力进行确认,并定期再确认。
> g)采取措施防止人为错误。
> h)实施放行、交付和交付后的活动。

【相关术语/词语】

(1)提供:供给,指提出可供参考或利用的意见、资料、物资、条件等。

(2)控制:掌握住不使任意活动或超出范围。

(3)3.10.1 特性 characteristic。

可区分的特征。

注1:特性可以是固有的或赋予的。

注2:特性可以是定性的或定量的。

注3:有各种类别的特性,如:

a)物理的(如:机械的、电的、化学的或生物学的特性);

b)感官的(如:嗅觉、触觉、味觉、视觉、听觉);

c)行为的(如:礼貌、诚实、正直);

d)时间的(如:准时性、可靠性、可用性、连续性);

e)人因工效的(如:生理的特性或有关人身安全的特性);

f)功能的(如:飞机的最高速度)。

(4)防错法:预先采取有效措施,防止在过程中失误发生的方法。是一种在作业过程中采用自动控制、报警、标识、分类等手段,使作业人员不特别注意也不会失误的方法。

【理解要求】

(1)本条款要求组织应对产品的生产过程和服务提供的过程进行控制,以确保条款8.1运行策划的结果得以实现。

(2)对生产和服务过程进行控制,应考虑生产和服务的整个周期,包括交付后的活动。受制条件应包括以下8个方面:

1)表述生产的产品、提供的服务或进行活动的特性的信息,以及拟获得的结果的信息(可以理解为干什么,怎么干);

2)获得和使用适宜的监测资源;

3)适时实施监测活动,以验证过程或输出是否符合相应的控制准则或接收准则;

4)为过程的运行提供适宜的基础设施和运行环境;

5)过程的运行人执行人员操作资格的要求;

6)对输出结果不能由后续的监视或测量加以验证的过程,要对其进行能力确认或再确认;

7)采取防范人为错误的措施;

8)生产过程的转序、产品完成后的入库或交付、服务的实施及售后服务等。

以上8个方面的控制要求,也可理解为过程控制的人们熟悉的说法,即人、机、料、法、环、测等方面的控制。

【举例】

(1)生产的产品、提供的服务或进行的活动的特性,特性是某一事物所特有的性质,是可区分的特征。可以理解为产品图纸、技术要求、服务规范、服务流程,活动的要求等。

(2)拟获得的结果,就是目标。可采用预期的结果、活动的目的或操作规程作为目标,或使用其他有类似含意的词(如:目的、终点或指标)。

(3)操作规程(或作业指导书)是拟获得的结果表述方式之一。不是每种作业活动都必须有这些作业指导文件,这与该项作业活动的复杂性、所形成产品特性的重要性及人员的技能有关。当缺少这些指导文件就可能影响产品生产和服务提供过程的有效运作和有效控制时,则有必要编制并使用这些文件。这类文件主要是指产品过程实现规范(操作规程)、服务提供规范、质量控制规范和编制规则、注释规则等。

(4)新标准增加了"采取措施防范人为错误",对那些更多依赖人的过程,应特别关注是否有防范措施。组织应识别这些过程,并制定必要的防范措施,例如提醒、报警装置等。审核员也应加强这方面的知识,以提高审核的有效性,应在审核中获取证据,证实组织充分识别、建立并有效实施了防范措施。

(5)过程确认的方法举例。

1)焊接、热处理、塑压、电镀、铸造、烤漆、静电喷涂等过程:采用工艺鉴定的方法(包括某些必要的试验,如拉伸、弯曲、冲击和 X 光透视、湿热试验、盐雾试验、耐着力试验等);

2)艺术表演过程:新戏彩排、预演、审查等;

3)新服务项目的试运营;

4)新服务员的试用;

5)新教案的审查和预讲。

(4)以焊接过程确认为例:过程鉴定或合格评定。

对于某一焊接材料和焊缝形式,按预先制定的焊接工艺参数并由有资格的人员焊接同种材料的试样,焊后对试样进行拉伸、弯曲、冲击和 X 光透视等试验,验证其性能要求是否符合规定。一经证实,对预先制定的焊接工艺参数和人员进行认可并纳入有关文件,作为对该材料的焊接要求。

所以说,过程的确认就是对过程能力的证实和认定。

【审核要求】

(1)组织是否按本条款要求对产品的生产过程和服务提供的过程进行了控制。

(2)生产和服务提供的控制是现场审核最主要审核内容,审核员应引起足够的重视。

(3)查看生产和服务提供的现场,关注以下方面的受控内容:

1)现场是否能得到有关产品和服务特性信息以及必要的作业指导书;

2)现场观察运行人员是否使用适宜的监测资源并在适当阶段实施监测活动,查阅监控记录,现场观察实施监控的结果;

3)观察现场基础设施和运行环境是否满足过程的需求;

4)查阅现场运行人员的相应的资质证书,并实际查看实际操作是否满足规定的要求;

5)对需要确认的过程,查看过程确认的实施情况;

6)现场查看必要的防错措施及其实际运行状况;
7)查阅放行、交付和交付后活动的规定,现场查看实施情况。

【标准要求】

> **8.5.2 标识和可追溯性**
> 需要时,组织应采用适当的方法识别输出,以确保产品和服务合格。
> 组织应在生产和服务提供的整个过程中按照监视和测量要求识别输出状态。
> 当有可追溯要求时,组织应控制输出的唯一性标识,并应保留所需的成文信息以实现可追溯。

【相关术语/词语】

(1)标识:同"标志",符号或标志物。用以标示,便于识别。

(2)追溯:比喻回首或钩沉往事,探寻本质或源泉。

(3)3.6.13 可追溯性 traceability。

追溯客体(3.6.1)的历史、应用情况或所处位置的能力。

注1:当考虑产品(3.7.6)或服务(3.7.7)时,可追溯性可涉及:
    1)原材料和零部件的来源;
    2)加工的历史;
    3)产品或服务交付后的分布和所处位置。

注2:在计量学领域中,采用ISO/IEC指南99中的定义。

(4)识别:①辨认;鉴别;②加标记使有区别。

【理解要求】

(1)本条款要求组织确定并实施产品和服务的标识、监视和测量输出状态标识及可追溯性标识。并应保留可追溯性标识所需的成文信息。

(2)产品的标识是指识别产品特定特性的标志或标记,目的是为了防止不同类型产品的混淆。标识内容主要反映出产品的名称、型号、规格、数量等,产品标识的对象包括采购产品、中间产品和最终产品。

(3)监视和测量输出状态标识是指产品在检验和试验过程中显示的状态,目的是为了防止使用不合格的产品。标识内容主要反映出待检、合格、不合格、待处理、报废等。

(4)可追溯性标识是使用在有可追溯性要求的场合,产品的标识具有唯一性特点。

【举例】

(1)产品标识可采用色标、标签、标牌、指向标识等方法。当产品的自然状态可清楚地区分其种类时,则无须标识,有些外购产品已带有全名牌,也不一定要求再做标识。

(2)检验和试验输出状态标识可采用标签(如合格证)、印章、区域(如红区——不合格品区,绿区——合格品区,黄区——待检区)、标牌和工艺流程卡等。

(3)可追溯性标识,如汽车发动机的编号、药品的生产批号都是可追溯性的唯一标识。比如说一瓶酒,从下料生产、包装、出厂、运输、销售等整个过程都应该有记录,万一消费者饮用时出了事,就要进行调查,这时候所有记录就显得相当重要了。记录做好了就说明这瓶酒存在可追溯性。

(4)提供服务的有形标识,如酒店房间"已清扫",卫生间"已消毒",停车场"车位已满"

【审核要求】

(1)组织是否按本条款要求确定并实施了产品和服务的标识、监视和测量输出状态标识及可追溯性标识。

(2)审核产品标识的规定及标识的状况。

(3)检验状态标识的规定及标识的状况。

(4)可追溯性标识的规定及标识的状况。

(5)现场观察标识和并查看可追溯性标识控制情况的成文信息。

【标准要求】

> **8.5.3 顾客或外部供方的财产**
>
> 组织应爱护在组织控制下或组织使用的顾客或外部供方的财产。
>
> 对组织使用的或构成产品和服务一部分的顾客和外部供方财产,组织应予以识别、验证、保护和防护。
>
> 若顾客或外部供方的财产发生丢失、损坏或发现不适用情况,组织应向顾客或外部供方报告,并保留所发生情况的成文信息。
>
> 注:顾客或外部供方的财产可能包括材料、零部件、工具和设备以及场所、知识产权和个人资料。

【相关术语/词语】

(1)3.2.4 顾客 customer。

能够或实际接受为其提供的,或应其要求提供的产品(3.7.6)或服务(3.7.7)的个人或组织(3.2.1)。

示例:消费者、委托人、最终使用者、零售商、内部过程(3.4.1)的产品或服务的接收人、受益者和采购方。

注:顾客可以是组织内部的或外部的。

(2)3.2.5 供方 provider(supplier)。

提供产品(3.7.6)或服务(3.7.7)的组织(3.2.1)。

示例:产品或服务的制造商、批发商、零售商或商贩。

注1:供方可以是组织内部的或外部的。

注2:在合同情况下,供方有时称为"承包方"。

(3)3.2.6 外部供方 external provider (external supplier)。

组织(3.2.1)以外的供方(3.2.5)。

示例:产品(3.7.6)或服务(3.7.7)的制造商、批发商、零售商或商贩。

(4)财产:指拥有的金钱、物资、房屋、土地等物质财富。具有金钱价值并受到法律保护的权利的总称。财产有三种,即动产、不动产和知识财产。

【理解要求】

(1)本条款要求组织应爱护在组织控制下或组织使用的顾客或外部供方的财产,并保留相关的成文信息。

(2)组织应对顾客或外部供方的财产进行妥善管理,因为在许多情况下,顾客或外部供方需要将其财产交给组织,供组织使用(如顾客提供的模具和测试设备,宾馆为顾客的提供电脑与网络设施等)或构成组织提供的产品和服务的一部分(如顾客提供来料加工的原材料和包装材料,餐饮店提供的酒杯碗筷、桌椅板凳等),或将其财产交于组织保管,受组织控制(如宾馆为顾客的保管贵重行李物品,为顾客维修的电器等)。

（3）组织应识别、验证、防护和保护供组织使用的或构成产品和服务一部分的顾客和外部供方财产。

（4）若顾客或外部供方的财产发生丢失、损坏或发现不适用情况,组织应及时向顾客或外部供方报告,并保留相关记录。

（5）顾客或外部供方的财产可能是有形的（如材料、零部件、工具和设备,顾客的场所等）,也可以是无形的（如知识产权和个人信息等）。

【举例】

（1）顾客财产举例：如住宾馆顾客的行李物品,委托维修的电器,顾客提供的模具和测试设备,来料加工的材料,包装材料,顾客的知识产权和个人信息,顾客提供的图纸、规范等技术资料,医院保存的患者病历资料,银行的客户资料等。

（2）外部供方财产举例：如婚庆公司提供的车辆,租赁公司的设备厂房,餐饮店提供的酒杯碗筷,宾馆住宿房间提供的床铺被褥、电视、网络,供方给组织送货时提供的周转箱等。

（3）对顾客或外部供方财产控制举例。

　　1）识别：医院化验患者的血液标识,干洗店对顾客干洗的衣服的标识。

　　2）验证：了解顾客提供原材料的技术指标特性,并对其进行验证。

　　3）保护：邮局对顾客托运的邮件和货物的保护,停车场对顾客停放车辆的保护,在宾馆住宿的顾客对房间各种设备设施的爱护。

　　4）维护：对使用顾客的模具涂拭防锈油,对使用顾客提供生产设备定期保养服务等。

【审核要求】

（1）组织是否按本条款要对顾客或外部供方的财产进行了识别、验证、保护和防护。

（2）审核顾客或外部供方财产已被识别的情况。

（3）查阅顾客或外部供方财产标识、验证,保护和维护的相关规定内容,要关注实际实施的情况。

（4）查阅顾客或外部供方财产发生意外情况时向顾客或外部供方报告的成文信息。

（5）审核时应关注,个人信息为顾客财产,应得到控制,特别是银行、医院、学校、网上购物等行业会涉及较多。

【标准要求】

8.5.4　防护

　　组织应在生产和服务提供期间对输出进行必要的防护,以确保符合要求。

　　注：防护可包括标识、处置、污染控制、包装、储存、传输或运输以及保护。

【相关术语/词语】

（1）3.7.5　输出　output。

过程(3.4.1)的结果。

注：组织(3.2.1)的输出是产品(3.7.6)还是服务(3.7.7),取决于其主要特性(3.10.1),如：画廊销售的一幅画是产品,而接受委托绘画则是服务。在零售店购买的汉堡是产品,而在饭店里接受订餐并提供汉堡则是服务的一部分。

（2）防护：一种防备和保护的方式或方法,防护可包括标识、处置、污染控制、包装、储存、传输或运输以及保护等内容。

(3)污染控制:采用技术的、经济的、法律的以及其他管理手段和方法,以杜绝、削减污染物排放的环保措施。

【理解要求】

(1)本条款要求组织在生产和服务提供期间对其输出应进行必要防护,确保产品和服务符合规定要求。

(2)产品防护的对象包括采购产品、中间产品和最终产品。

(3)防护至少应包括标识、处置、污染控制、包装、储存、传输或运输以及保护的内容。

【举例】

(1)防护举例。

1)标识:应建立并保护好关于防护的标识,如运输标识中的轻拿轻放、小心倒置、防潮、防碰撞、防雨淋等。

2)处置:对需要处置的产品应采取适宜措施,以减少不必要的浪费,也不带来对环境的污染。

3)污染控制:对易燃、易爆、有毒、有害(腐蚀性、放射性)或对人身、环境安全有影响的产品要严格控制,并符合相关法律法规的要求,也要防止外界对产品的污染,例如食品生产企业要确保食品的安全。

4)包装:应根据产品的特点和顾客的要求对产品进行包装,重点是防止产品受损。涉及包装设计、包装材料的选择、装箱和标志。例如产品应在包装箱内相对固定,防止碰撞等。

5)贮存:各种采购产品、中间产品、最终产品均应贮存在适当的场地或库房,贮存场所条件应与产品要求相适应。如必要的通风、防潮、控温、洁净、采光、防雷、防火、防鼠、防电甚至防磁、防辐射等条件,以防止产品交付到顾客之前受损。

6)传输:软件行业的输出是数据或信息时,为防止是数据或信息的传输过程中丢失或被窃的风险,就应当采取防止传输过程中失窃、失密或损坏的有效措施。

7)运输:在生产中转序或交付产品的不同阶段,应根据产品的特点,在运输过程中选用适宜的运输设备和适当的运输方法,防止产品在运输过程中受损。必要时运输人员还应进行培训,使其掌握必需的作业规程和要求,例如,起重作业的人员还应有特殊作业资格证。

8)保护:对各类产品采取适当的措施,以保护产品。例如防止产品被腐蚀、污染、磕碰、划伤或丢失等。

(2)一般产品库房管理(要求)规定:

1)产品入库、验收、保管、发放应有相应的管理程序;

2)在库产品做好标识,状态清楚,贮存记录准确完整、及时(帐、物、卡相符);

3)对贮存的产品进行监控,定期查验并做好记录,根据产品的特点,采取先进先出的原则。

【审核要求】
(1)组织是否按本条款要求在生产和服务提供期间对其输出进行了必要防护。
(2)组织是否规定了防护的相关内容及措施。
(3)现场观察防护措施实施的有效性。

【标准要求】

> **8.5.5 交付后的活动**
> 组织应满足与产品和服务相关的交付后活动的要求。
> 在确定所要求的交付后活动的覆盖范围和程度时,组织应考虑:
> a)法律法规要求;
> b)与产品和服务相关的潜在不良的后果;
> c)产品和服务的性质、使用和预期寿命;
> d)顾客要求;
> e)顾客反馈。
> 注:交付后活动可包括保证条款所规定的措施、合同义务(如维护服务等)、附加服务(如回收或最终处置等)。

【相关术语/词语】
交付:交给、支付。

【理解要求】
(1)本条款要求组织应确定产品和服务交付后的活动,以满足与产品和服务相关的交付后活动的要求。
(2)产品交付与服务提供并不意味组织责任的终止,组织还应满足与产品和服务相关的交付后活动的要求。
(3)组织在确定所要求的交付后活动的覆盖范围和程度时,应考虑以下 5 个方面的内容:
  1)法律法规要求;
  2)与产品和服务相关的潜在不期望的后果;
  3)产品和服务的性质、用途和预期寿命;
  4)顾客要求;
  5)顾客反馈。

【举例】
交付后活动可能包括保证条款所规定的相关活动:如现场安装或指导安装、使用的培训、三包内容的售后维修服务、授受顾客的各种咨询、产品报废后的处置等附加服务。

【审核要求】
(1)组织是否按本条款要求确定了产品和服务交付后的活动。
(2)组织确定所要求的交付后活动的覆盖范围和程度时,是否充分考虑了标准要求的相关因素,例如风险、产品和服务的性质、产品和服务的预期寿命、顾客的反馈及适用的法律法规等。
(3)现场观察产品交付后的活动或查看产品交付后的活动的有关记录以确定交付后活动的有效性。

【标准要求】

> **8.5.6　更改控制**
>
> 组织应对生产或服务提供的更改进行必要的评审和控制,以确保持续地符合要求。
>
> 组织应保留成文信息,包括有关更改评审的结果、授权进行更改的人员以及根据评审所采取的必要措施。

【相关术语/词语】

(1)更改:(动)改换,改为。

(2)控制:掌握住不使任意活动或超出范围。

(3)3.11.2　评审　review。

对客体(3.6.1)实现所规定目标(3.7.1)的适宜性、充分性或有效性(3.7.11)的确定(3.11.1)。

示例:管理评审、设计和开发(3.4.8)评审、顾客(3.2.4)要求(3.6.4)评审、纠正措施(3.12.2)评审和同行评审。

注:评审也可包括确定效率(3.7.10)。

【理解要求】

(1)本条款要求组织应对生产和服务提供的更改进行控制,以确保持续地符合要求,并保留相关成文信息。

(2)为了确保持续地符合要求,组织应对在生产和服务提供期间发生的影响符合要求的变更,进行必要的评审和控制。

(3)组织应考虑变更的性质、范围、对产品和服务潜在的影响程度来确定控制变更的活动。

(4)根据变更的性质,组织应保留以下文件化信息:

1)更改评审的结果;

2)授权更改的人员;

3)评审所采取的必要的措施。

【举例】

更改举例:法律法规要求或产品标准的变更、生产计划的变更、顾客要求的变更、外部供方延迟交付、组织内部关键设备出现故障等引起生产和服务提供过程的变更。

【审核要求】

(1)组织是否按本条款要求对生产和服务提供的更改进行了控制,是否保留了相关成文信息。

(2)了解组织对生产和服务的变更相关评审和控制的规定。

(3)组织是否存在变更情况。若有,查阅是否有更改评审结果、授权进行更改的人员以及根据评审所采取的必要措施的成文信息。

【标准要求】

> **8.6　产品和服务的放行**
>
> 组织应在适当阶段实施策划的安排,以验证产品和服务的要求已得到满足。
>
> 除非得到有关授权人员的批准,适用时得到顾客的批准,否则在策划的安排已圆满完成之前,不应向顾客放行产品和交付服务。

> 组织应保留有关产品和服务放行的成文信息。成文信息应包括：
> a)符合接收准则的证据；
> b)可追溯到授权放行人员的信息。

【相关术语/词语】

(1)3.12.7　放行　release。

对进入一个过程(3.4.1)的下一阶段或下一过程的许可。

注：在英语中，就软件和文件(3.8.5)而论，术语"release"通常是指软件或文件本身的版本。

(2)验证产品和服务：产品和服务的要求是否得到满足的认定。

【理解要求】

(1)本条款要求组织应对产品和服务的放行实施验证，并保留有关产品和服务放行的成文信息。

(2)组织根据8.1条款的要求对产品和服务的放行进行了策划，确定了在适当的验证点进行验证活动。本条款的要求就是根据8.1策划的安排在适当阶段予以实施，以验证产品和服务的要求已得到满足，确保只有满足要求的产品和服务才能够放行提交给顾客。

(3)在策划安排的验证活动没有完成，不能表明产品和服务的要求已得到满足之前，不得向顾客放行产品和交付服务。特殊情况下，策划安排的某些验证活动没有圆满完成之前需要向顾客放行产品和交付服务，则应经过组织内有关授权人员的批准，适用时得到顾客的批准。确保这种放行和交付，不至于影响最终产品和交付服务的质量。

(4)保留的相关文件化信息要包括下述两方面的内容：

　　1)证实放行的产品和交付的服务符合规定的要求(符合接收准则)；

　　2)指明有权决定将产品放行和提交服务给顾客的人员的可追溯信息(如检验员的授权和权限等)。

【举例】

(1)策划的安排：何时何处需要对产品和服务进行监视和测量。如硬件产品可以规定对进货、半成品和最终产品进行检验或验证。服务行业在服务提供过程中检查。

(2)接收准则：如产品标准、验收条件、检验规程和服务规范等。

(3)符合接收准则的证据：如进货检验单，材质化验单，工序检验卡，成品检验单，产品合格证及工作质量检查表等。

(4)"特殊放行"：设计院应顾客要求，在全部工程设计未完成前，提前将工程基础图纸交付给顾客。而且这种"特殊放行"情况也不是适用所有行业，有些行业则不允许这样做。如建筑业对水泥和钢材，是不允许做这样的放行的。因为一旦放行，若水泥或钢材的质量出现问题，将会对其后的过程和产品质量带来巨大影响，造成严重后果。

【审核要求】

(1)组织是否按本条款要求对产品和服务的放行实施了验证，是否保留了有关产品和服务放行的成文信息。

(2)查阅产品进货、半成品、成品的检验记录，将检验结果与接收准则对照，查阅服务行业的工作检查记录，将检查结果与服务规范对照，以验证产品和服务是否满足规定的要求。尤其要重点抽查合格成品的检验结果与产品标准的要求的符合性与一致性。

(3)关注"特殊放行",是否经有关授权人员或顾客批准。
(4)查阅授权放行人员的可追溯信息。

【标准要求】

> **8.7 不合格输出的控制**
>
> **8.7.1** 组织应确保对不符合要求的输出进行识别和控制,以防止非预期的使用或交付。
>
> 组织应根据不合格的性质及其对产品和服务符合性的影响采取适当措施。这也适用于在产品交付之后,以及在服务提供期间或之后发现的不合格产品和服务。
>
> 组织应通过下列一种或几种途径处置不合格输出:
> a)纠正;
> b)隔离、限制、退货或暂停对产品和服务的提供;
> c)告知顾客;
> d)获得让步接收的授权。
>
> 对不合格输出进行纠正之后应验证其是否符合要求。
>
> **8.7.2** 组织应保留下列成文信息:
> a)描述不合格;
> b)描述所采取的措施;
> c)描述获得的让步;
> d)识别处置不合格的授权。

【相关术语/词语】

(1)3.6.9 不合格 nonconformity。

不符合,未满足要求(3.6.4)。

注:这是 ISO/IEC 导则 第1部分的 ISO 补充规定的附件 SL 中给出的 ISO 管理体系标准中的通用术语及核心定义之一。

(2)3.7.5 输出 output。

过程(3.4.1)的结果。

注:组织(3.2.1)的输出是产品(3.7.6)还是服务(3.7.7),取决于其主要特性(3.10.1),如:画廊销售的一幅画是产品,而接受委托绘画则是服务。在零售店购买的汉堡是产品,而在饭店里接受订餐并提供汉堡则是服务的一部分。

(3)控制:掌握住不使任意活动或超出范围。

(4)识别:①辨认,鉴别;②加标记使有区别。

(5)非预期的:计划外的,不希望的,没想到的。

(6)3.12.3 纠正 correction。

为消除已发现的不合格(3.6.9)所采取的措施。

注1:纠正可与纠正措施(3.12.2)一起实施,或在其之前或之后实施。

注2:返工(3.12.8)或降级(3.12.4)可作为纠正的示例。

(7)隔离:隔断。

(8)限制:指不让超过的界限或指局限在范围内。

(9)退货:把买来或订购的货物退给原出售单位或生产单位。

(10)暂停:暂时停止。

(11)告知:告诉,使知道。告诉某人或某个组织使其知道某件事情。

(12)3.12.8　返工　rework。

为使不合格(3.6.9)产品(3.7.6)或服务(3.7.7)符合要求(3.6.4)而对其采取的措施。

注:返工可影响或改变不合格的产品或服务的某些部分。

(13)3.12.4　降级　regrade。

为使不合格(3.6.9)产品(3.7.6)或服务(3.7.7)符合不同于原有的要求(3.6.4)而对其等级(3.6.3)的变更。

(14)3.12.5　让步　concession。

对使用或放行(3.12.7)不符合规定要求(3.6.4)的产品(3.7.6)或服务(3.7.7)的许可。

注:通常,让步仅限于在商定的时间或数量内及特定的用途,对含有限定的不合格(3.6.9)特性(3.10.1)的产品和服务的交付。

(15)3.12.9　返修　repair。

为使不合格(3.6.9)产品(3.7.6)或服务(3.7.7)满足预期用途而对其采取的措施。

注1:不合格的产品或服务的成功返修未必能使产品符合要求(3.6.4)。返修可能需要连同让步(3.12.5)。

注2:返修包括对以前是合格的产品或服务,为重新使用所采取的修复措施,如作为维修的一部分。

注3:返工可影响或改变不合格的产品或服务的某些部分。

(16)3.12.10　报废　scrap。

为避免不合格(3.6.9)产品(3.7.6)或服务(3.7.7)原有的预期使用而对其所采取的措施。

示例:回收、销毁。

注:对不合格服务的情况,通过终止服务来避免其使用。

【理解要求】

(1)本条款要求组织对不符合要求的输出进行识别和控制,其目的是防止其非预期的使用或交付,并保留相关成文信息。

(2)不合格的输出应包括不合格进货、半成品、不合格成品及不合格的服务。

(3)不合格输出的处置途径:

　　1)纠正:为消除已发现的不合格所采取的措施。返工或降级(道歉)可作为纠正的示例。标准要求对不合格输出进行纠正之后应验证其是否符合要求。

　　2)隔离、限制、退货或暂停对产品和服务的提供。这不是对不合格本身采取措施,而是对不合格输出采取的处置方法,它不会改变不合格本身的性质。但这是防止非预期的使用或交付最直接有效的办法。回收、销毁,对不合格服务的情况,通过终止服务等都是避免不合格输出非预期的使用有效的办法。

　　3)告知顾客:让顾客知道不合格输出的存在,顾客应有知情权。这一般适用于在产品交付之后,以及在服务提供期间或之后发现的不合格产品和服务。

　　4)获得让步接收的授权:如果要让步接受,即对使用或放行不符合规定要求的产品或服务的许可,必须获得让步接受的授权。这包括有关授权人员的批准,适用时得到顾客的批准。

(4)对不合格输出进行纠正之后,组织应对其再次进行验证,以证实其是否符合规定的要求或使用要求。因为采取措施后,不合格的产品不一定就变成合格品或可以使用,某些时候,采取的措施不当,可能结果反而更糟糕。

(5)保留的不合格输出文件化信息应包括以下 4 个方面。
　　1)描述不合格；
　　2)描述所采取的措施；
　　3)描述获得的让步；
　　4)识别处置不合格的授权。

【举例】
(1)组织是否按本条款要求对不符合要求的输出进行了识别和控制，是否保留相关成文信息。

(2)对不合格输出的识别，对出现的不合格产品和服务要及时识别，不合格产品可适当标识，如放入不合格品区、召回已付产品、指定用途或降级使用、停止使用或更换服务人员等以示与合格产品清楚区别。

(3)做好不合格输出记录，例如：不合格产品名称、数量、出现地点、时间及不合格内容等。

(4)经授权人员，对不合格输出(包括交付之后发现的不合格产品，服务提供期间或之后发现的不合格服务)进行评审，并提出适当处置措施。

(5)责任单位负责实施处置措施，不合格产品采取纠正措施之后，应重新检验是否符合要求。

【审核要求】
(1)对制造行业而言，对不合格品控制要求，可包括识别、记录、标识、隔离、退货等活动，而对服务行业，可能只包括识别、记录和暂停等活动，而不存在标识、隔离等活动。审核时要注意产品和服务的区别。

(2)查阅不合格输出受控状况，分别抽查进货、半成品和成品中的不合格产品及不合格服务控制是否符合规定的要求。

(3)审核"组织应保留下列形成文件的信息"的要求时，应关注对不合格的描述、所采取措施的描述及获得让步的描述，并识别处置不合格的授权。

(4)重点查不合格输出进行纠正之后，是否重新验证其符合性。

第九节　绩　效　评　价

【标准要求】

9.1　监视、测量、分析和评价
9.1.1　总则
　　组织应确定：
　　a)需要监视和测量什么；
　　b)需要用什么方法进行监视、测量、分析和评价，以确保结果有效；
　　c)何时实施监视和测量；
　　d)何时对监视和测量的结果进行分析和评价。
　　组织应评价质量管理体系的绩效和有效性。
　　组织应保留适当的成文信息，以作为结果的证据。

【相关术语/词语】

(1)3.11.3 监视 monitoring。

确定(3.11.1)体系(3.5.1)、过程(3.4.1)、产品(3.7.6)、服务(3.7.7)或活动的状态。

注1:确定状态可能需要检查、监督或密切观察。

注2:通常,监视是在不同的阶段或不同的时间,对客体(3.6.1)状态的确定。

注3:这是ISO/IEC导则 第1部分的ISO补充规定的附件SL中给出的ISO管理体系标准中的通用术语及核心定义之一,最初的定义和注1已经被改写,并增加了注2和注3。

(2)3.11.4 测量 measurement。

确定数值的过程(3.4.1)。

注1:根据GB/T 3358.2,确定的数值通常是量值。

注2:这是ISO/IEC导则 第1部分的ISO补充规定的附件SL中给出的ISO管理体系标准中的通用术语及核心定义之一,最初的定义已经通过增加注1被改写。

(3)分析:分解、辨析。将事物、现象、概念分门别类,离析出本质及其内在联系。

(4)评价:通常是指对某件事进行判断、分析后的结论。

(5)总则:指规章条例最前面的概括性的条文。

(6)确定:固定,明确肯定。

(7)确保:切实保持或保证。

(8)3.7.8 绩效 performance。

可测量的结果。

注1:绩效可能涉及定量的或定性的结果。

注2:绩效可能涉及活动(3.3.11)、过程(3.4.1)、产品(3.7.6)、服务(3.7.7)、体系(3.5.1)或组织(3.2.1)的管理(3.3.3)。

注3:这是ISO/IEC导则 第1部分的ISO补充规定的附件SL中给出的ISO管理体系标准中的通用术语及核心定义之一,最初的定义已经通过修订注2被修订改写。

(9)3.7.11 有效性 effectiveness。

完成策划的活动并得到策划结果的程度。

注:这是ISO/IEC导则 第1部分的ISO补充规定的附件SL中给出的ISO管理体系标准中的通用术语及核心定义之一。

【理解要求】

(1)本条款要求组织应对质量管理体系的绩效和有效性进行监视、测量、分析和评价,并保留适当的成文信息。

(2)评价应在监视、测量、分析的结果上进行,标准要求组织在明确监视和测量对象,监视、测量、分析和评价方法,实施监视和测量的时机以及对监视和测量的结果进行分析和评价的时机做出规定。但标准对监视和测量对象、方法、实施的时机都没有具体要求,而是由组织根据自身的性质、特点和自身需求来确定。

【举例】

组织考虑监视和测量对象时可参考9.1.2条款、9.2条款及9.3条款,在考虑监视和测量方法时可参考9.1.3条款。

【审核要求】

(1)组织是否按本条款要求应对质量管理体系的绩效和有效性进行监视、测量、分析和评价,是否保留适当的成文信息。

(2)查看组织在确定监视和测量对象,监视、测量、分析和评价方法与时机的具体规定,了解实施情况。

(3)查阅组织对质量管理体系的绩效和有效性评价的结果。

【标准要求】

> **9.1.2 顾客满意**
> 组织应监视顾客对其需求和期望已得到满足的程度的感受。组织应确定获取、监视和评审该信息的方法。
> 注:监视顾客感受的例子可包括顾客调查、顾客对交付产品或服务的反馈、顾客座谈、市场占有率分析、顾客赞扬、担保索赔和经销商报告。

【相关术语/词语】

(1)3.2.4 顾客 customer。

能够或实际接受为其提供的,或按其要求提供的产品(3.7.6)或服务(3.7.7)的个人或组织(3.2.1)。

示例:消费者、委托人、最终使用者、零售商、内部过程(3.4.1)的产品或服务的接收人、受益者和采购方。

注:顾客可以是组织内部的或外部的。

(2)3.9.2 顾客满意 customer satisfaction。

顾客(3.2.4)对其期望已被满足程度的感受。

注1:在产品(3.7.6)或服务(3.7.7)交付之前,组织(3.2.1)有可能不了解顾客的期望,甚至顾客也在考虑之中。为了实现较高的顾客满意,可能有必要满足那些顾客既没有明示,也不是通常隐含或必须履行的期望。

注2:投诉(3.9.3)是一种满意程度低的最常见的表达方式,但没有投诉并不一定表明顾客很满意。

注3:即使规定的顾客要求(3.6.4)符合顾客的愿望并得到满足,也不一定确保顾客很满意。

[源自:ISO 10004:2012,3.3,改写。注已被修改]

(3)确定:固定,明确肯定。

(4)获取:获得,取得。

(5)3.11.3 监视 monitoring。

确定(3.11.1)体系(3.5.1)、过程(3.4.1)、产品(3.7.6)、服务(3.7.7)或活动的状态。

注1:确定状态可能需要检查、监督或密切观察。

注2:通常,监视是在不同的阶段或不同的时间,对客体(3.6.1)状态的确定。

注3:这是 ISO/IEC 导则 第1部分的 ISO 补充规定的附件 SL 中给出的 ISO 管理体系标准中的通用术语及核心定义之一,最初的定义和注1已经被改写,并增加了注2。

(6)3.11.2 评审 review。

对客体(3.6.1)实现所规定目标(3.7.1)的适宜性、充分性或有效性(3.7.11)的确定(3.11.1)。

示例:管理评审、设计和开发(3.4.8)评审、顾客(3.2.4)要求(3.6.4)评审、纠正措施(3.12.2)评审和同行评审。

注:评审也可包括确定效率(3.7.10)。

(7)3.8.2 信息 information。

有意义的数据(3.8.1)。

(8)3.9.1 反馈 feedback。

<顾客满意>对关注的产品(3.7.6)、服务(3.7.7)或投诉处理过程(3.4.1)的意见、评价和表述。

[源自:ISO 10002:2014,3.6,改写,术语"服务"已包括在定义中]

【理解要求】

(1)本条款要求组织应确定并实施获取、监视和评审顾客满意信息的方法。

(2)组织按ISO 9001标准建立质量管理体系的目的之一是增强顾客满意。将顾客满意程度作为测量质量管理体系绩效之一,以此来衡量建立的质量管理体系的有效性。

(3)组织应监视顾客对组织满足其要求的感受方面的信息,并确定获取和监视顾客满意信息的方法,包括获取的渠道,收集的内容和频次以及对所收集的数据进行分析评审,以识别出改进的途径。

(4)顾客抱怨是满意程度低的一种最常见的表达方式,但没有顾客抱怨不一定表示顾客满足,也不一定确保顾客很满意。所以"七项质量管理原则"中提出了超越顾客期望的思想。

(5)解释监视顾客感受的例子可从包括顾客调查、顾客对交付产品或服务的反馈、顾客座谈、市场占有率分析、顾客赞扬、担保索赔和经销商报告之类的来源获得输入。审核时要注意:顾客满意度调查仅仅是一种获取顾客感受的方式,组织可以根据自己的实际情况选择一种或几种更加有效的方式来获取顾客满意的信息。

【举例】

(1)获取顾客满意信息的渠道举例:

1)问卷调查(顾客满意度调查表);

2)顾客意见征询表;

3)用户回访;

4)顾客(或其代表)座谈会;

5)委托中介机构组织的第三方调查;

6)顾客流向分析;

7)销售情况反馈;

8)申诉/投诉分析;

9)组织形象和信誉测量及分析;

10)与同行/竞争对手比较;

11)各种媒体的报告等。

(2)应收集的信息内容举例:

1)顾客对产品质量的意见;

2)顾客对服务质量的意见;

3)顾客对产品和服务需求和期望;

4)顾客的抱怨和投诉等。

(3)有关顾客满意的监视和测量以及顾客投诉的处理等相关内容可参考以下4个顾客满意系列标准的内容:

1)GB/T 19010/ISO 10001《质量管理 顾客满意 组织行为规范指南》,为组织确定其在满足顾客需求和期望方面的满意程度提供指南。实施该标准可以增强顾客对组织的信心,使组织对顾客的预期更加准确,从而降低误解和投诉的可能性。

2)GB/T 19012/ISO 10002《质量管理 顾客满意 组织处理投诉指南》,通过确认和理解投诉方的需求和期望,并解决所接到的投诉,为组织提供有关投诉处理过程的指南。该标准提供了包括人员培训的开放、有效并易于使用的投诉过程,并且也为小企业提供指南。

3)GB/T 19013/ISO 10003《质量管理 顾客满意 组织外部争议解决指南》,为组织有效和高效地解决有关产品投诉的外部争议提供指南。当投诉不能在组织内部解决时,争议解决是一种补偿途径。大多数投诉没有冲突的过程,可以在组织内部成功解决。

4)GB/Z 27907/ISO 10004《质量管理 顾客满意 监视和测量指南》,为组织采取增强顾客满意的措施,并识别顾客所关注的产品、过程和属性的改进机会。这些措施能够增强顾客忠诚,避免顾客流失。

【审核要求】

(1)组织是否按本条款要求确定并实施了获取、监视和评审顾客满意信息的方法。

(2)关注组织顾客满意信息获取的渠道、监视和评审的方法。

(3)重点关注收集到的信息如何分析和利用。

(4)审核时要注意:顾客满意度调查仅仅是一种获取顾客感受的方式,组织可以根据自己的实际情况选择一种或几种更加有效的方式来获取顾客满意的信息。审核员也应学习上述4个顾客满意系列标准的内容,增加审核的深度。

【标准要求】

9.1.3 分析与评价

组织应分析和评价通过监视和测量获得的适当的数据和信息。

应利用分析结果评价:

a)产品和服务的符合性;

b)顾客满意程度;

c)质量管理体系的绩效和有效性;

d)策划是否得到有效实施;

e)应对风险和机遇所采取措施的有效性;

f)外部供方的绩效;

g)质量管理体系改进的需求。

注:数据分析方法可包括统计技术。

【相关术语/词语】

(1)分析:将事物、现象、概念分门别类,离析出本质及其内在联系。

(2)评价:通常是指对某件事进行判断、分析后的结论。

(3)3.11.3 监视 monitoring。

确定(3.11.1)体系(3.5.1)、过程(3.4.1)、产品(3.7.6)、服务(3.7.7)或活动的状态。

注1:确定状态可能需要检查、监督或密切观察。

注2:通常,监视是在不同的阶段或不同的时间,对客体(3.6.1)状态的确定。

注3:这是 ISO/IEC 导则 第1部分的 ISO 补充规定的附件 SL 中给出的 ISO 管理体系标准中的通用术语及核心定义之一,最初的定义和注1已经被改写,并增加了注2。

(4)3.11.4 测量 measurement。

确定数值的过程(3.4.1)。

注1:根据 GB/T 3358.2,确定的数值通常是量值。

注2:这是 ISO/IEC 导则 第1部分的 ISO 补充规定的附件 SL 中给出的 ISO 管理体系标准中的通用术语及核心定义之一,最初的定义已经通过增加注1被改写。

(5)3.8.1 数据 data。

关于客体(3.6.1)的事实。

(6)3.8.2 信息 information。

有意义的数据(3.8.1)。

(7)数据分析:数据分析是指用适当的统计分析方法对收集来的大量数据进行分析,提取有用信息和形成结论而对数据加以详细研究和概括总结的过程。这一过程也是质量管理体系的支持过程。在实用中,数据分析可帮助人们做出判断,以便采取适当行动。

(8)统计技术:可帮助组织了解变异,从而有助于组织解决问题并提高有效性和效率。这些技术也有助于更好地利用可获得的数据进行决策。

【理解要求】

(1)本条款要求组织应分析和评价通过监视和测量获得的适当的数据和信息,以提供质量管理体系改进的依据。

(2)通过9.1.1条款监视和测量获得了适当的数据和信息,组织应对其进行分析和评价,以确定质量管理体系的绩效和有效性。

(3)利用分析的结果,评价以下7个方面内容:

1)产品和服务的符合性;

2)顾客满意程度;

3)质量管理体系的绩效和有效性;

4)策划是否得到有效实施;

5)针对风险和机遇所采取措施的有效性;

6)外部供方的绩效;

7)质量管理体系改进的需求。

(4)数据分析的方法可包括统计技术在内的多种方法。

【举例】

(1)分析和评价的结果一般是数据分析报告,它可以是综合分析报告,也可以是单项的分析报告,但不应该少于标准要求的7个方面的内容。

(2)GB/Z 19027/ISO/TR 10017《GB/T 19001—2000 的统计技术指南》,依据即使在明显稳定条件下亦可观察到过程状态和结果的变量来解释的统计技术。采用统计技术可以更好地利用获得的数据进行决策,从而有助于持续改进产品和过程质量,实现顾客满意。

【审核要求】

(1)组织是否按本条款要求对通过监视和测量获得的适当的数据和信息,进行了分析和评价。

(2)关注组织是如何分析和评价通过监视和测量所获得的数据和信息的,更重要的是关注评价的结果是否包括标准要求的 7 个方面内容,是否找出趋势所在,找出质量管理体系存在的问题或需要改进的地方。

(3)审核员自身也应该加强对统计技术相关知识的学习,懂得相关统计技术的方法和运用,从而提高审核的有效性(例如老七种工具:排列图、因果图、分层法、调查表、直方图、控制图、散布图。新七种工具:关联图、KJ 法、系统图、矩阵图、矩阵数据分析法、过程决策程序图、矢线图等)。

【标准要求】

> **9.2 内部审核**
>
> **9.2.1** 组织应按照策划的时间间隔进行内部审核,以提供有关质量管理体系的下列信息:
> a)是否符合:
>   1)组织自身的质量管理体系要求;
>   2)本标准的要求;
> b)是否得到有效的实施和保持。
>
> **9.2.2** 组织应:
> a)依据有关过程的重要性、对组织产生影响的变化和以往的审核结果,策划、制定、实施和保持审核方案,审核方案包括频次、方法、职责、策划要求和报告;
> b)规定每次审核的审核准则和范围;
> c)选择审核员并实施审核,以确保审核过程客观公正;
> d)确保将审核结果报告给相关管理者;
> e)及时采取适当的纠正和纠正措施;
> f)保留成文信息,作为实施审核方案以及审核结果的证据。
>
> 注:相关指南参见 GB/T 19011。

【相关术语/词语】

(1)3.13.1 审核 audit。

为获得客观证据(3.8.3)并对其进行客观的评价,以确定满足审核准则(3.13.7)的程度所进行的系统的、独立的并形成文件的过程(3.4.1)。

注 1:审核的基本要素包括由对被审核客体不承担责任的人员,按照程序(3.5.4)对客体(3.6.1)是否合格(3.6.11)所做的确定(3.11.1)。

注 2:审核可以是内部(第一方)审核,或外部(第二方或第三方)审核,也可以是多体系审核(3.13.2)或联合审核(3.13.3)。

注 3:内部审核,有时称为第一方审核,由组织(3.2.1)自己或以组织的名义进行,用于管理(3.3.3)评审(3.11.2)和其他内部目的,可作为组织自我合格声明的基础。内部审核可以由与正在被审核的活动无责任关系的人员进行,以证实独立性。

注 4:通常,外部审核包括第二方和第三方审核。第二方审核由组织的相关方,如顾客(3.2.4)或由其他人员以相关方的名义进行。第三方审核由外部独立的审核组织进行,如提供合格认证/注册的组织或政府机构。

注 5:这是 ISO/IEC 导则 第 1 部分的 ISO 补充规定的附件 SL 中给出的 ISO 管理体系标准中的通用术语及核心定义之一,最初的定义和注释已经被改写,以消除术语"审核准则"与"审核证据"之间循环定义的影响,并增加了注3和注4。

(2)3.13.4 审核方案 audit programme。

针对特定时间段所策划并具有特定目标的一组(一次或多次)审核(3.13.1)安排。

[源自:GB/T 19011—2013,3.13,改写]

(3)3.13.5 审核范围 audit scope。

审核(3.13.1)的内容和界限。

注:审核范围通常包括对实际位置、组织单元、活动和过程(3.4.1)的描述。

[源自:GB/T 19011—2013,3.14,改写。注已被修改]

(4)3.13.6 审核计划 audit plan。

对审核(3.13.1)活动和安排的描述。

[源自:GB/T 19011—2013,3.15]

(5)3.13.7 审核准则 audit criteria。

用于与客观证据(3.8.3)进行比较的一组方针(3.5.8)、程序(3.4.5)或要求(3.6.4)。

[源自:GB/T 19011—2013,3.2,改写,术语"审核证据"已被"客观证据"替代]

(6)3.13.8 审核证据 audit evidence。

与审核准则(3.13.7)有关并能够证实的记录、事实陈述或其他信息。

[源自:GB/T 19011—2013,3.3,改写,注已被删除]

(7)总则:指规章条例最前面的概括性的条文。

(8)方案:工作或行动的计划等。

【理解要求】

(1)本条款要求组织应按照策划的时间间隔进行内部审核,以提供有关质量管理体系有关信息,并保留适当的成文信息。

(2)内部审核,有时称为第一方审核,简称内审,由组织自己或以组织的名义进行,用于管理评审和其他内部目的,可作为组织自我合格声明的基础。可以由与正在被审核的活动无责任关系的人员进行,以证实独立性。获取有关质量管理体系绩效和有效性的信息,确保达成策划的安排,有效实施并保持质量管理体系。

(3)组织应策划、制定、实施和保持审核方案,针对特定时间段并具有特定目标所策划的一组(一次或多次)审核安排,审核方案应包括频次、方法、职责、策划要求和报告。

(4)组织根据自身的需求,确定每次内审的准则和范围。(准则可以是具体的标准和要求,范围可以是具体的部门、生产线、过程和设施)。

(5)在确定审核组内审人员时,组织为确保审核客观和公正,一般情况下内审员不应审核自身的工作。

(6)每次内审结束,应形成内部审核报告经组织的最高管理者批准后下发相关部门。

(7)内部审核报告中出具的不符合项,责任部门应在查找原因的基础上,及时采取适当的纠正和纠正措施。

(8)要保留作为实施审核方案以及审核结果的证据。

【举例】

(1)审核频次:通过审核计划(如月度、季度、年度)来体现。在确定审核频次时,组织应考虑过程运行的频次、过程的成熟度或复杂度,过程变更以及内部审核方案的目标。例如,过程越成熟,需要内部审核时间可能就越少;过程越复杂,需要的内部审核就越频繁。

(2)审核方法:访谈、查阅记录、现场观察及重复验证。

(3)审核准则:用于与客观证据进行比较的一组方针、程序或要求。具体到质量管理体系审核准则是,与质量有关的法律法规、与质量有关的标准、组织的质量管理体系文件及相关方要求。

(4)审核证据:与审核准则有关并能够证实的记录、事实陈述或其他信息。

(5)审核范围:可以是具体部门、产品生产线、某个过程和设施,涉及的标准要求条款及某个时间段。

(6)一般情况下,内审应保留以下形成文件的信息:

    1)内部审核计划;

    2)内部审核计划发放登记表;

    3)内部审核首次会议签到表(会议记录);

    4)内部审核末次会议签到表(会议记录);

    5)内部审核报告;

    6)内部审核报告发放登记表;

    7)不符合项报告(尽量闭环);

    8)检查表汇总。

【审核要求】

(1)组织是否按本条款要求按照策划的时间间隔进行了内部审核,是否保留适当的成文信息。

(2)查阅内部审核形成文件的有关信息,审核组织的内部审核活动是否符合标准的要求。

(3)查看内部审核中开出的不符合项,现场验证其采取的纠正和纠正措施实施的有效性。

【标准要求】

9.3　管理评审
9.3.1　总则

最高管理者应按照策划的时间间隔对组织的质量管理体系进行评审,以确保其持续的适宜性、充分性和有效性,并与组织的战略方向保持一致。

【相关术语/词语】

(1)总则:指规章条例最前面的概括性的条文。

(2)3.11.2　评审　review。

对客体(3.6.1)实现所规定目标(3.7.1)的适宜性、充分性或有效性(3.7.11)的确定(3.11.1)。

示例:管理评审、设计和开发(3.4.8)评审、顾客(3.2.4)要求(3.6.4)评审、纠正措施(3.12.2)评审和同行评审。

注:评审也可包括确定效率(3.7.10)。

(3)适宜性:体系对现状而言,行不行。是指组织建立的质量管理体系适应周围(内部和外部)环境的特性。

(4)充分性:体系对现状而言,够不够。是指质量管理体系应当结构合理、过程齐全、程序连续、文件完整,资源提供具有实现质量目标的能力。

(5)3.7.11 有效性 effectiveness。

完成策划的活动并得到策划结果的程度。

注:这是 ISO/IEC 导则 第 1 部分的 ISO 补充规定的附件 SL 中给出的 ISO 管理体系标准中的通用术语及核心定义之一。

(6)3.5.12 战略 strategy。

实现长期或总目标(3.7.1)的计划。

【理解要求】

(1)本条款要求最高管理者按照策划的时间间隔对组织的质量管理体系进行的评审。

(2)管理评审应由最高管理者主持,评审对象是组织的质量管理体系,包括质量方针和目标,评价过程、产品和服务改进的机会和体系变更的需要。管理评审应按策划的时间间隔进行。

(3)管理评审的目的是确保质量管理体系持续的适宜性、充分性和有效性,并与组织的战略方向保持一致。

(注:环境管理体系就把三条要求合并为一条要求。)

【举例】

(1)评审频次:应按策划的时间间隔,一般不超过 12 个月,也可根据组织需求适时进行。

(2)评审方法:一般是由组织最高管理者主持召开有各部门领导、质量管理体系管理人员参加的评审会议,也可以结合其他活动的多种方式进行。

【审核要求】

(1)最高管理者是否按本条款的要求按照计划的时间间隔,对质量管理体系进行了管理评审。

(2)查阅管理评审的有关记录,审核组织的质量管理体系管理评审活动是否符合标准本条款的要求。

【标准要求】

> **9.3.2 管理评审输入**
>
> 策划和实施管理评审时应考虑下列内容:
> a)以往管理评审所采取措施的情况;
> b)与质量管理体系相关的内外部因素的变化;
> c)下列有关质量管理体系绩效和有效性的信息,包括其趋势:
>   1)顾客满意和有关相关方的反馈;
>   2)质量目标的实现程度;
>   3)过程绩效以及产品和服务的合格情况;
>   4)不合格及纠正措施;
>   5)监视和测量结果;
>   6)审核结果;
>   7)外部供方的绩效。
> d)资源的充分性;

> e)应对风险和机遇所采取措施的有效性(见6.1);
> f)改进的机会。

【相关术语/词语】

　　输入:在控制论中,把系统之间的联系分成"输入"和"输出"。输入,包括物质输入、能量输入、信息输入。管理评审的输入是指信息的输入。

【理解要求】

　　(1)本条款要求管理评审输入应考虑标准要求的6个方面内容。
　　　1)以往管理评审所采取措施的情况。
　　　2)与质量管理体系相关的内外部因素的变化(标准条款4.1)。
　　　3)下列有关质量管理体系绩效和有效性的信息,包括其趋势:
　　　　a)顾客满意和相关方的反馈(标准条款9.1.2);
　　　　b)质量目标的实现程度(标准条款6.2);
　　　　c)过程绩效以及产品和服务的符合性(标准条款4.4和8.6);
　　　　d)不合格以及纠正措施(标准条款10.2);
　　　　e)监视和测量结果(标准条款9.1.1);
　　　　f)审核结果(标准条款9.2);
　　　　g)外部供方的绩效(标准条款8.4)。
　　　4)资源的充分性(标准条款7.1)。
　　　5)应对风险和机遇所采取措施的有效性(标准条款6.1)。
　　　6)改进的机会(标准条款10.1)。
　　(2)管理评审的目的是确保质量管理体系持续的适宜性、充分性和有效性,并与组织的战略方向保持一致。

【举例】

　　(1)不少组织管理评审的输入,是通过质量管理体系中各有关部门的体系运行工作总结来体现的。
　　(2)外部因素变化举例:
　　　1)质量概念和质量管理体系要求的变化(ISO 9000标准改版等);
　　　2)顾客要求和期望的变化;
　　　3)市场情况的变化;
　　　4)先进技术的出现(网络技术、信息系统等);
　　　5)法律法规或产品标准的变化。
　　(3)内部因素变化举例:
　　　1)主要管理人员的变动(如总经理、管理者代表的变化);
　　　2)组织机构及职责的变化(机构合并或拆分等);
　　　3)组织规模的变化(如人员的增多或减少);
　　　4)组织运行机制的变化(如国有企业改制等);
　　　5)产品的变化;
　　　6)新技术、新工艺的采用;

7）新设备及新的生产线的采用引起基础设施等资源的变化等。

【审核要求】

(1)查阅管理评审输入资料,是否包括了标准所要求的内容。

【标准要求】

> **9.3.3 管理评审输出**
>
> 管理评审的输出应包括与下列事项相关的决定和措施：
> a)改进的机会；
> b)质量管理体系所需的变更；
> c)资源需求。
> 组织应保留成文信息,作为管理评审结果的证据。

【相关术语/词语】

3.7.5 输出 output。

过程(3.4.1)的结果。

注：组织(3.2.1)的输出是产品(3.7.6)还是服务(3.7.7),取决于其主要特性(3.10.1),如：画廊销售的一幅画是产品,而接受委托绘画则是服务。在零售店购买的汉堡是产品,而在饭店里接受订餐并提供汉堡则是服务的一部分。

在控制论中,把系统之间的联系分成"输入"和"输出"。输出,包括物质输出、能量输出、信息输出。管理评审的输出主要是信息输出。

【理解要求】

(1)本条款要求管理评审输出应包括标准要求的 3 个事项：有关改进机会（见标准条款 10.1）的决定和措施、确定质量管理体系所需变更（见标准条款 6.3）的决定和措施以及资源需求（见标准条款 7.1）的决定和措施。

(2)组织应保留成文信息,作为管理评审结果的证据。

【举例】

(1)管理评审的输出组织一般是以管理评审报告形式来体现。

(2)一般情况下,管理评审应保留以下形成文件的信息：

　　1)管理评审计划；

　　2)管理评审计划发放登记；

　　3)管理评审会议签到表；

　　4)管理评审会议记录；

　　5)各部门质量管理体系运工作汇总（即管理评审输入资料）；

　　6)管理评审报告；

　　7)管理评审报告发放登记；

　　8)管理评审整改要求（应附有整改措施实施情况的跟踪记录）。

【审核要求】

(1)查阅管理评审成文信息,审核组织的管理评审活动是否符合标准的要求。

(2)对管理评审中提出要改进的问题,是否及时进行了整改,对采取的纠正和纠正措施,现场验证其实施的有效性。

(3)根据管理评审的输出要求,是否导致了质量管理体系的改进。

第十节 改 进

【标准要求】

> **10.1 总则**
> 组织应确定和选择改进机会,并采取必要措施,以满足顾客要求和增强顾客满意。
> 这应包括:
> a)改进产品和服务,以满足要求并应对未来的需求和期望;
> b)纠正、预防或减少不利影响;
> c)改进质量管理体系的绩效和有效性。
> 注:改进的例子可包括纠正、纠正措施、持续改进、突破性变革、创新和重组。

【相关术语/词语】

(1)3.3.1 改进 improvement。

提高绩效(3.7.8)的活动。

注:活动可以是循环的或一次性的。

通俗地讲改进是改变旧有情况,使有所进步。改进是一种以追本溯源、追根追底的单元分析法为基本方法的有效降低成本、提高质量、增进效益及效率的系统理论。改进的例子可包括纠正、纠正措施、持续改进、突破性变革、创新和重组。

(2)总则:指规章条例最前面的概括性的条文。

(3)确定:固定,明确肯定。

(4)选择:挑选,选取。

(5)3.7.8 绩效 performance。

可测量的结果。

注1:绩效可能涉及定量的或定性的结果。

注2:绩效可能涉及活动(3.3.11)、过程(3.4.1)、产品(3.7.6)、服务(3.7.7)、体系(3.5.1)或组织(3.2.1)的管理(3.3.3)。

注3:这是 ISO/IEC 导则 第1部分的 ISO 补充规定的附件 SL 中给出的 ISO 管理体系标准中的通用术语及核心定义之一,最初的定义已经通过修改注2被改写。

(6)3.7.11 有效性 effectiveness。

完成策划的活动并得到策划结果的程度。

注:这是 ISO/IEC 导则 第1部分的 ISO 补充规定的附件 SL 中给出的 ISO 管理体系标准中的通用术语及核心定义之一。

【理解要求】

(1)本条款要求组织确定和选择改进机会,实施改进。

(2)改进是改变旧有情况,使有所进步。组织应确定和选择改进机会,在以下几个方面实施改进:

1)改进产品和服务以满足要求,关注未来的需求和期望,以增强顾客满意;

2)纠正、预防、避免、减少非预期情况给组织带来的不利影响；

3)改进质量管理体系的绩效和有效性。

(3)改进的措施很多，组织根据自身情况选择适宜的方法。

【举例】

(1)改进的例子：

1)纠正、纠正措施(被动型)；

2)持续改进(逐渐型)；

3)突破式的变更(跳跃型)；

4)创新(创造型)；

5)重组(转型)。

【审核要求】

(1)组织是否按本条款要求确定和选择了改进机会，是否实施了改进。

(2)审核组织是如何确定和选择改进的机会。

(3)针对选择改进的机会，采取了哪些措施，有效性如何。

【标准要求】

> **10.2 不合格和纠正措施**
>
> **10.2.1** 当出现不合格时，包括来自投诉的不合格，组织应：
>
> a)对不合格做出应对，并在适用时：
>
> 1)采取措施以控制和纠正不合格；
>
> 2)处置后果。
>
> b)通过下列活动，评价是否需要采取措施，以消除产生不合格的原因，避免其再次发生或者在其他场合发生：
>
> 1)评审和分析不合格；
>
> 2)确定不合格的原因；
>
> 3)确定是否存在或可能发生类似的不合格。
>
> c)实施所需的措施；
>
> d)评审所采取的纠正措施的有效性；
>
> e)需要时，更新在策划期间确定的风险和机遇；
>
> f)需要时，变更质量管理体系。
>
> 纠正措施应与不合格所产生的影响相适应。
>
> **10.2.2** 组织应保留成文信息，作为下列事项的证据：
>
> a)不合格的性质以及随后所采取的措施；
>
> b)纠正措施的结果。

【相关术语/词语】

(1)3.6.9 不合格 nonconformity。

不符合。

未满足要求(3.6.4)。

注：这是 ISO/IEC 导则 第1部分的 ISO 补充规定的附件 SL 中给出的 ISO 管理体系标准中的通用术语及核心定义之一。

(2)3.12.3　纠正　correction。

为消除已发现的不合格(3.6.9)所采取的措施。

注1：纠正可与纠正措施(3.12.2)一起实施，或在其之前或之后实施。

注2：返工(3.12.8)或降级(3.12.4)可作为纠正的示例。

(3)3.12.2　纠正措施　corrective action。

为消除不合格(3.6.9)的原因并防止再发生所采取的措施。

注1：一个不合格可以有若干个原因。

注2：采取纠正措施是为了防止再发生，而采取预防措施(3.12.1)是为了防止发生。

注3：这是 ISO/IEC 导则 第1部分的 ISO 补充规定的附件 SL 中给出的 ISO 管理体系标准中的通用术语及核心定义之一，最初的定义已经通过增加注1和注2被改写。

(4)3.12.1　预防措施　preventive action。

为消除潜在不合格(3.6.9)或其他潜在不期望情况的原因所采取的措施。

注1：一个潜在不合格可以有若干个原因。

注2：采取预防措施是为了防止发生，而采取纠正措施(3.12.2)是为了防止再发生。

【理解要求】

(1)本条款要求组织对不合格做出应对，采取适当的纠正与纠正措施，并保留相关的成文信息。

(2)纠正与纠正措施有着不同的概念。纠正是针对不合格对象(产品、过程或体系)的不合格事实本身所采取的行动、控制、纠正和降低影响，通过该措施的实施可达到对该不合格得以纠正的目的，但该类不合格也可能今后还会再发生；而纠正措施则是为消除造成不合格事实的真正原因所采取的行动，通过该措施的实施，可达到防止同类不合格的再发生、在别处发生或减少发生的目的。

(3)当质量管理体系出现不合格时组织应：

　　1)针对存在的不合格，采取措施纠正不合格，同时对其带来的后果进行处置。

　　2)评审和分析不合格，从而找到不合格的原因，针对不合格的原因采取有的放矢的(相适应的)纠正措施，从而防止同类不合格的再发生或减少发生。

　　3)采取纠正措施后，还应验证纠正措施的有效性。

　　4)需要的话，还应更新策划期间确定的风险和机遇(标准条款6.1)，以及变更质量管理体系(标准条款6.3)。

(4)组织应保留下列形成文件的信息：

　　1)不合格的性质的信息(不符合项的描述、不符合项的等级)。

　　2)采取的措施(包括纠正和纠正措施)。

　　3)纠正和纠正措施的结果。

【审核要求】

(1)组织是否按本条款要求对不合格做出应对，采取了适当的纠正与纠正措施，是否保留相关的成文信息。

(2)查询组织不合格与纠正措施的相关记录。

(3)现场抽查纠正和纠正措施的有效性。

第二章 GB/T 19001—2016《质量管理体系 要求》标准的理解与实施

【标准要求】

> **10.3 持续改进**
>
> 组织应持续改进质量管理体系的适宜性、充分性和有效性。
>
> 组织应考虑分析和评价的结果以及管理评审的输出,以确定是否存在需求或机遇,这些需求或机遇应作为持续改进的一部分加以应对。

【相关术语/词语】

3.3.2 持续改进 continual improvement。

提高绩效(3.7.8)的循环活动。

注1:为改进(3.3.1)制定目标(3.7.1)和寻找机会的过程(3.4.1)是一个通过利用审核发现(3.13.9)和审核结论(3.13.10)、数据分析(3.8.1)、管理(3.3.3)评审(3.11.2)或其他方法的持续过程,通常会产生纠正措施(3.12.2)或预防措施(3.12.1)。

注2:这是 ISO/IEC 导则 第1部分的 ISO 补充规定的附件 SL 中给出的 ISO 管理体系标准中的通用术语及核心定义之一,最初的定义已经通过增加注1被改写。

【理解要求】

(1)本条款要求组织应持续改进质量管理体系的适宜性、充分性和有效性。

(2)持续改进是实现战略目标、不断增加价值和增强企业活力的有效手段,是打造优秀的管理团队和改善、优化、整合资源配置的先进方法,是实现企业永续发展的活力源泉和不竭动力,是在全员目标管理基础上的管理创新。ISO 定义持续改进是注重通过不断地提高企业管理的效率和有效性,实现其质量方针和目标的方法。

(3)成功的组织应持续关注改进。改进对于组织保持当前的绩效水平,对其内、外部条件的变化做出反应并创造新的机会都是非常必要的。也唯有如此,才能达到持续改进质量管理体系的适宜性、充分性和有效性的目的。

(4)持续改进将使组织得到以下收益:

1)改进过程绩效、组织能力和顾客满意;

2)增强对调查和确定根本原因及后续的预防和纠正措施的关注;

3)提高对内、外部的风险和机遇的预测和反应的能力;

4)增加对渐进性和突破性改进的考虑;

5)通过加强学习实现改进;

6)增强创新的动力。

【举例】

考虑管理评审分析、评价结果以及管理评审的输出,可开展以下的改进活动:

1)促进在组织的所有层级建立改进目标;

2)对各层级员工进行培训,使其懂得如何应用基本工具和方法实现改进目标;

3)确保员工有能力成功地制定和完成改进项目;

4)开发和展开过程,以在整个组织内实施改进项目;

5)跟踪、评审和审核改进项目的计划、实施、完成和结果;

6)将新产品开发或产品、服务和过程的变更都纳入到改进中予以考虑;

7)赞赏和表彰改进。

【审核要求】

(1)组织是否按本条款要求持续改进质量管理体系的适宜性、充分性和有效性。

(2)查询组织为持续改进质量管理体系的适宜性、充分性和有效性,做了哪些工作,效果如何。

附录一 质量管理体系 基础和术语

1 范围

本标准表述的质量管理的基本概念和原则一般适用于：
——通过实施质量管理体系寻求持续成功的组织；
——对组织稳定提供符合其要求的产品和服务的能力寻求信任的顾客；
——对在供应链中其产品和服务要求能得到满足寻求信任的组织；
——通过对质量管理中使用的术语的共同理解，寻求促进相互沟通的组织和相关方；
——依据 GB/T 19001 的要求进行合格评价的组织；
——质量管理的培训、评价和咨询的提供者；
——相关标准的起草者。

本标准给出的术语和定义适用于 SAC/TC151 起草的所有质量管理和质量管理体系标准。

2 基本概念和质量管理原则

2.1 总则

本标准表述的质量管理的概念和原则，可帮助组织获得应对与最近数十年截然不同的环境所提出的挑战的能力。当前，组织的工作所面临的环境表现出如下特性：变化加快、市场全球化以及知识作为主要资源出现。质量的影响已经超出了顾客满意的范畴，它也可直接影响到组织的声誉。

社会教育水平的提高，需求的增长，使得相关方的影响力在增加。本标准通过提出建立质量管理体系的基本概念和原则，为组织更加广阔地进行思考提供了一种方式。

所有的概念、原则及其相互关系应被看成一个整体，而不是彼此孤立的。没有哪一个概念或原则比另一个更重要。在应用时，适当地进行权衡是至关重要的。

2.2 基本概念

2.2.1 质量

一个关注质量的组织倡导一种通过满足顾客和其他有关相关方的需求和期望来实现其价值的文化，这种文化将反应在其行为、态度、活动和过程中。

组织的产品和服务质量取决于满足顾客的能力，以及对有关相关方的有意和无意的影响。

产品和服务的质量不仅包括其预期的功能和性能，而且还涉及顾客对其价值和利益的感知。

2.2.2 质量管理体系

质量管理体系包括组织确定其目标以及为获得期望的结果确定其过程和所需资源的活动。

质量管理体系管理所需要的相互作用的过程和资源,以向有关的相关方提供组织的价值并实现其结果。

质量管理体系能够使最高管理者通过考虑其决策的长期和短期影响而优化资源的利用。

质量管理体系给出了在提供产品和服务方面,针对预期和非预期的结果确定所采取措施的方法。

2.2.3 组织环境

理解组织环境是一个过程。这个过程确定了影响组织的宗旨、目标和可持续性的各种因素。它既需要考虑内部因素,例如:组织的价值观、文化、知识和绩效,还需要考虑外部因素,例如:法律、技术、竞争、市场、文化、社会和经济环境。

组织的宗旨可被表达为其愿景、使命、方针和目标。

2.2.4 相关方

相关方的概念扩展了仅关注顾客的观点,而考虑所有有关相关方是至关重要的。

识别相关方是理解组织环境的过程的组成部分。有关相关方是指若其需求和期望未能满足,将对组织的持续发展产生重大风险的那些相关方。为降低风险,这些风险组织需确定向有关相关方提供何种必要的结果。

组织的成功,有赖于吸引、赢得和保持有关相关方的支持。

2.2.5 支持

2.2.5.1 总则

最高管理者对质量管理体系和全员积极参与的支持,能够:

——提供充分的人力和其他资源;
——监视过程和结果;
——确定和评估风险和机遇;
——采取适当的措施。

负责任的获取、分配、维护、提高和处置资源,以支持组织实现其目标。

2.2.5.2 人员

人员是组织内不可缺少的资源。组织的绩效取决于体系内人员的工作表现。

通过对质量方针和组织所期望的结果的共同理解,可使组织内人员积极参与并协调一致。

2.2.5.3 能力

当所有人员理解并应用所需的技能、培训、教育和经验,履行其岗位职责时,质量管理体系是最有效的。为人员提供拓展必要能力的机会是最高管理者的职责。

2.2.5.4 意识

意识来源于人员认识到自身的职责,以及他们的行为如何有助于实现组织的目标。

2.2.5.5 沟通

经过策划并有效开展的内部(如整个组织内)和外部(如与有关的相关方)沟通,可提高人员的参与程度并更加深入的理解:

——组织的环境;

——顾客和其他有关相关方的需求和期望；
——质量管理体系。

2.3 质量管理原则

2.3.1 以顾客为关注焦点
2.3.1.1 概述
质量管理的主要关注点是满足顾客要求并且努力超越顾客期望。
2.3.1.2 理论依据
组织只有赢得和保持顾客和其他有关相关方的信任才能获得持续成功。与顾客相互作用的每个方面，都提供了为顾客创造更多价值的机会。理解顾客和其他相关方当前和未来的需求，有助于组织的持续成功。
2.3.1.3 主要益处
主要获益可能有：
——提升顾客价值；
——增强顾客满意；
——增进顾客忠诚；
——增加重复性业务；
——提高组织的声誉；
——展顾客群；
——增加收入和市场份额。
2.3.1.4 可开展的活动
可开展的活动包括：
——识别从组织获得价值的直接顾客和间接顾客；
——理解顾客当前和未来的需求和期望；
——将组织的目标与顾客的需求和期望联系起来；
——在整个组织内沟通顾客的需求和期望；
——为满足顾客的需求和期望，对产品和服务进行策划、设计、开发、生产、交付和支持；
——测量和监视顾客满意情况，并采取适当的措施；
——在有可能影响到顾客满意的有关相关方的需求和适宜的期望方面，确定并采取措施；
——主动管理与顾客的关系，以实现持续成功。

2.3.2 领导作用
2.3.2.1 概述
各级领导建立统一的宗旨和方向，并创造全员积极参与的条件，以实现组织的质量目标。
2.3.2.2 依据
统一的宗旨和方向的建立，以及全员的积极参与，能够使组织将战略、方针、过程和资源协调一致，以实现其目标。
2.3.2.3 主要益处
主要益处可能有：
——提高实现组织质量目标的有效性和效率；

——组织的过程更加协调；
——改善组织各层级、各职能间的沟通；
——开发和提高组织及其人员的能力，以获得期望的结果。

2.3.2.4 可开展的活动
可开展的活动包括：
——在整个组织内，就其使命、愿景、战略、方针和过程进行沟通；
——在组织的所有层级创建并保持共同的价值观，公平和道德的行为模式；
——培育诚信和正直的文化；
——鼓励在整个组织范围内履行对质量的承诺；
——确保各级领导者成为组织中的榜样；
——为员工提供履行职责所需的资源、培训和权限；
——激发、鼓励和表彰员工的贡献。

2.3.3 全员积极参与
2.3.3.1 概述
整个组织内各级胜任、经授权并积极参与的人员，是提高组织创造和提供价值能力的必要条件。

2.3.3.2 依据
为了有效和高效地管理组织，各级人员得到尊重并参与其中是极其重要的。通过表彰、授权和提高能力，促进在实现组织的质量目标过程中的全员积极参与。

2.3.3.3 主要益处
主要益处可能有：
——组织内人员对质量目标有更深入的理解以及更强的加以实现的动力；
——在改进活动中，提高人员的参与程度；
——促进个人发展、主动性和创造力；
——提高人员的满意程度；
——增强整个组织内的相互信任和协作；
——促进整个组织对共同价值观和文化的关注。

2.3.3.4 可开展的活动
可开展的活动包括：
——与员工沟通，以增强他们对个人贡献的重要性的认识；
——促进整个组织内部的协作；
——提倡公开讨论，分享知识和经验；
——让员工确定影响执行力的制约因素，并且毫无顾虑地主动参与；
——赞赏和表彰员工的贡献、学识和进步；
——针对个人目标进行绩效的自我评价；
——进行调查以评估人员的满意程度，沟通结果并采取适当的措施。

2.3.4 过程方法
2.3.4.1 概述
将活动作为相互关联、功能连贯的过程组成的体系来理解和管理时，可更加有效和高效地得到一致的、可预知的结果。

2.3.4.2 依据
质量管理体系是由相互关联的过程所组成。理解体系是如何产生结果的,能够使组织尽可能地完善其体系并优化其绩效。

2.3.4.3 主要益处
主要益处可能有:
——提高关注关键过程的结果和改进的机会的能力;
——通过由协调一致的过程所构成的体系,得到一致的可预知的结果;
——通过过程的有效管理,资源的高效利用及跨职能壁垒的减少,尽可能提升其绩效;
——使组织能够向相关方提供关于其一致性、有效性和效率方面的信任。

2.3.4.4 可开展的活动
可开展的活动包括:
——确定体系的目标和实现这些目标所需的过程;
——为管理过程确定职责、权限和义务;
——了解组织的能力,预先确定资源约束条件;
——确定过程相互依赖的关系,分析个别过程的变更对整个体系的影响;
——将过程及其相互关系作为一个体系进行管理,以有效和高效地实现组织的质量目标;
——确保可获得必要的信息,以运行和改进构成并监视、分析和评价整个体系的绩效;
——管理可能影响过程输出和质量管理体系整体结果的风险。

2.3.5 改进

2.3.5.1 概述
成功的组织持续关注改进。

2.3.5.2 理论依据
改进对于组织保持当前的绩效水平,对其内、外部条件的变化做出反应,并创造新的机会,都是非常必要的。

2.3.5.3 主要益处
主要益处可能有:
——提高过程绩效、组织能力和顾客满意;
——增强对调查和确定根本原因及后续的预防和纠正措施的关注;
——提高对内外部风险和机遇的预测和反应能力;
——增加对渐进性和突破性改进的考虑;
——更好地利用学习来改进;
——增强创新的动力。

2.3.5.4 可开展的活动
可开展的活动包括:
——促进在组织的所有层级建立改进目标;
——对各层级人员进行教育和培训,使其懂得如何应用基本工具和方法实现改进目标;
——确保员工有能力成功地促进和完成改进项目;
——开发和展开过程,以在整个组织内实施改进项目;

——跟踪、评审和审核改进项目的策划、实施、完成和结果；
——将改进与新的或变更的产品、服务和过程的开发结合在一起予以考虑；
——赞赏和表彰改进。

2.3.6 循证决策

2.3.6.1 概述

基于数据和信息的分析和评价的决策，更有可能产生期望的结果。

2.3.6.2 依据

决策是一个复杂的过程，并且总是包含某些不确定性。它经常涉及多种类型和来源的输入及其理解，而这些理解可能是主观的。重要的是理解因果关系和潜在的非预期后果。对事实、证据和数据的分析可导致决策更加客观、可信。

2.3.6.3 主要益处

主要益处可能有：
——改进决策过程；
——改进对过程绩效和实现目标的能力的评估；
——改进运行的有效性和效率；
——提高评审、挑战和改变观点和决策的能力；
——提高证实以往决策有效性的能力。

2.3.6.4 可开展的活动

可开展的活动包括：
——确定、测量和监视关键指标，以证实组织的绩效；
——使相关人员能够获得所需的全部数据；
——确保数据和信息足够准确、可靠和安全；
——使用适宜的方法对数据和信息进行分析和评价；
——确保人员有能力分析和评价所需的数据；
——权衡经验和直觉，基于证据进行决策并采取措施。

2.3.7 关系管理

2.3.7.1 概述

为了持续成功，组织需要管理与有关相关方(供方)的关系。

2.3.7.2 依据

有关相关方影响组织的绩效。当组织管理与所有相关方的关系，以尽可能有效地发挥其在组织绩效方面的作用时，持续成功更有可能实现。对供方及合作伙伴网络的关系管理是尤为重要的。

2.3.7.3 主要益处

主要益处可能有：
——通过对每一个与相关方有关的机会和限制的响应，提高组织及其相关方的绩效；
——对目标和价值观，与相关方有共同的理解；
——通过共享资源和人员能力，以及管理与质量有关的风险，增加为相关方创造价值的能力；
——具有管理良好、可稳定提供产品和服务的供应链。

2.3.7.4 可开展的活动

可开展的活动包括：

——确定有关相关方（如：供方、合作伙伴、顾客、投资者、雇员或整个社会）及其与组织的关系；

——确定和排序需要管理的相关方的关系；

——建立平衡短期利益与长远利益的关系；

——与有关相关方共同收集和共享信息、专业知识和资源；

——适当时，测量绩效并向相关方报告，以增加改进的主动性；

——与供方、合作伙伴及其他相关方合作开展开发和改进活动；

——鼓励和表彰供方与合作伙伴的改进和成绩。

2.4 运用基本概念和原则建立质量管理体系

2.4.1 质量管理体系模式

2.4.1.1 总则

组织具有与人相同的许多特性，是一个具有生存和学习能力的社会有机体。两者都具有适应的能力，并且由相互作用的系统、过程和活动组成。为了适应变化的环境，均需要具备应变能力。组织经常通过创新实现突破性改进。组织的质量管理体系模式可以表明，不是所有的体系、过程和活动都可以被预先确定，因此，在复杂的组织环境中，其质量管理体系需要具有灵活性和适应性。

2.4.1.2 体系

组织试图理解内外部环境，以识别有关相关方的需求和期望。这些信息被用于质量管理体系的建设，从而实现组织的可持续发展。一个过程的输出可成为其他过程的输入，并联结成整个网络。虽然不同组织的质量管理体系，通常看起来是由相类似的过程所组成，但每个组织及其质量管理体系都是独特的。

2.4.1.3 过程

组织拥有可被确定、测量和改进的过程。这些过程相互作用以产生与组织的目标相一致的结果，并跨越职能界限。某些过程可能是关键的，而另外一些则不是。过程具有相互关联的活动和输入，以实现输出。

2.4.1.4 活动

组织的人员在过程中协调配合，开展他们的日常活动。依靠对组织目标的理解，某些活动可被预先规定。而另外一些活动则是由于对外界刺激的反应，以确定其性质并予以执行。

2.4.2 质量管理体系的建立

质量管理体系是通过周期性改进，随着时间的推移而进化的动态系统。无论其是否经过正式策划，每个组织都有质量管理活动。本标准为如何建立正规的体系，以管理这些活动提供了指南。确定组织中现存的活动和这些活动对组织环境的适宜性是必要的。本标准和 GB/T 19001 及 GB/T 19004 一起，可用于帮助组织建立一个完善的质量管理体系。

正规的质量管理体系为策划、完成、监视和改进质量管理活动的绩效提供了框架。质量管理体系无需复杂化，而是要准确地反映组织的需求。在建立质量管理体系的过程中，本标准中给出的基本概念和原则可提供有价值的指南。

质量管理体系策划不是一劳永逸的事情，而是一个持续的过程。质量管理体系的计划随着组织的学习和环境的变化而逐渐完善。计划要考虑组织的所有质量活动,并确保覆盖本标准的全部指南和 GB/T 19001 的要求。该计划应经批准后实施。

定期监视和评价质量管理体系的计划的执行情况及其绩效状况,对组织来说是非常重要的。经过深思熟虑的指标,更有利于监视和评价活动的开展。

审核是一种评价质量管理体系有效性的方法,以识别风险和确定是否满足要求。为了有效地进行审核,需要收集有形和无形的证据。在对所收集的证据进行分析的基础上,采取纠正和改进的措施。所获取的知识可能会带来创新,使质量管理体系的绩效达到更高的水平。

2.4.3 质量管理体系标准、其他管理体系和卓越模式

全国质量管理和质量保证标准化技术委员会(SAC/TC151)起草的质量管理体系标准、其他管理体系标准以及组织卓越模式中表述的质量管理体系方法是基于共同的原则,这些方法均能够帮助组织识别风险和机遇并包含改进指南。在当前的环境中,许多问题,例如:创新、道德、诚信和声誉均可作为质量管理体系的参数。有关质量管理标准(如:GB/T 19001),环境管理标准(如:GB/T 24001)和能源管理标准(如:GB/T 23331),以及其他管理标准和组织卓越模式已经涉及了这些问题。

全国质量管理和质量保证标准化技术委员会(SAC/TC151)起草的质量管理体系标准为质量管理体系提供了一套综合要求和指南。GB/T 19001 为质量管理体系规定了要求,GB/T 19004 在质量管理体系更宽范围的目标下,为持续成功和改进绩效提供了指南。质量管理体系的指南包括:GB/T 19010、GB/T 19012、GB/T 19013、GB/Z 27907、ISO 1008[1)]、GB/T 19022 和 GB/T 19011。质量管理体系技术支持指南包括:GB/T 19015、GB/T 19016、GB/T 19017、GB/T 19024、GB/T 19025、ISO 10018)和 GB/T 19029。支持质量管理体系的技术文件包括:GB/T 19023 和 GB/Z 19027。某些特殊行业的标准也提供了质量管理体系的要求,如:GB/T 18305。

组织的管理体系中具有不同作用的部分,包括其质量管理体系,可以整合成为一个单一的管理体系。当质量管理体系与其他管理体系整合后,与组织的质量、成长、资金、营利、环境、职业健康和安全、能源、安保等方面有关的目标、过程和资源,可以更加有效和高效地实现和应用。组织可以依据若干个标准的要求,如:GB/T 19001、GB/T 24001、GB/T 22080 和 GB/T 23331 对其管理体系进行一体化审核。

注:ISO 手册《管理体系标准的一体化应用》可提供帮助。

3 术语和定义

3.1 有关人员的术语

3.1.1

最高管理者 top management

在最高层指挥和控制组织(3.2.1)的一个人或一组人

注1:最高管理者在组织内有授权和提供资源的权力。

注2:如果管理体系(3.5.3)的范围仅覆盖组织的一部分,在这种情况下,最高管理者是指管理和控制组织的这部分的一个人或一组人。

注3:这是 ISO/IEC 导则 第1部分的 ISO 补充规定的附件 SL 中给出的 ISO 管理体系标准中的通用术语及核心定义之一。

3.1.2

质量管理体系咨询师 quality management system consultant

对组织(3.2.1)的质量管理体系实现(3.4.3)给予帮助、提供建议或信息(3.8.2)的人员

注1:质量管理体系咨询师也可以在部分质量管理体系(3.5.4)的实现方面提供帮助。

注2:GB/T 19029—2009 为识别质量管理体系咨询师是否具备组织所需的能力提供了指南。

[源自:GB/T 19029—2009,3.2,修改]

3.1.3

参与 involvement

参加活动、事项或介入某个情境

3.1.4

积极参与 engagement

参与(3.1.3)活动并为之做出贡献,以实现共同的目标(3.7.1)

3.1.5

管理机构 configuration authority configuration control board dispositioning authority

被赋予技术状态(3.10.6)决策职责和权限的一个人或一组人

注:在管理机构中,应当有组织(3.2.1)内、外的有关相关方(3.2.3)的代表。

[源自:GB/T 19017—2008,3.8,修改]

3.1.6

调解人 dispute resolver

＜顾客满意＞调解过程提供方(3.2.7)指定的帮助相关各方解决争议(3.9.6)的人

示例:工作人员、志愿者、合同(3.4.7)人员。

注:在 GB/T 19013 中,该术语为"争议解决者"。

[源自:GB/T 19013—2009,3.7,修改]

3.2 有关组织的术语

3.2.1

组织 organization

为实现目标(3.7.1),由职责、权限和相互关系构成自身职能的一个人或一组人

注1:组织的概念包括,但不限于代理商、公司、集团、商行、企事业单位、行政机构、合营公司、社团(3.2.8)、慈善机构或研究机构,或上述组织的部分或组合,无论是否为法人组织,公有的或私有的。

注2:这是 ISO/IEC 导则 第1部分的 ISO 补充规定的附件 SL 中给出的 ISO 管理体系标准中的通用术语及核心定义之一,最初的定义已经通过修改注1被改写。

3.2.2

组织环境 context of the organization

对组织(3.2.1)建立和实现目标(3.7.1)的方法有影响的内部和外部因素的组合

注1:组织的目标可能涉及其产品(3.7.6)和服务(3.7.7)、投资和对其相关方(3.2.3)的行为。

注2:组织环境的概念,除了适用于营利性组织,还同样能适用于非营利或公共服务组织。

注3:在英语中,这一概念常被其他术语,如:"business environment""organizational environment"或"eco-system of an organization"所表述。

注4:了解基础设施(3.5.2)对确定组织环境会有帮助。

3.2.3

相关方 interested party ;stakeholder

可影响决策或活动、被决策或活动所影响、或自认为被决策或活动影响的个人或组织(3.2.1)

示例:顾客(3.2.4)、所有者、组织内的人员、供方(3.2.5)、银行、监管者、工会、合作伙伴以及可包括竞争对手或相对立的社会群体。

注:这是 ISO/IEC 导则 第1部分 ISO 补充规定的附件 SL 中给出的 ISO 管理体系标准中的通用术语及核心定义之一,最初的定义已经通过增加示例被改写。

3.2.4

顾客 customer

能够或实际接受为其提供的,或按其要求提供的产品(3.7.6)或服务(3.7.7)的个人或组织(3.2.1)

示例:消费者、委托人、最终使用者、零售商、内部过程(3.4.1)的产品或服务的接收人、受益者和采购方。

注:顾客可以是组织内部的或外部的。

3.2.5

供方 provider;supplier

提供产品(3.7.6)或服务(3.7.7)的组织(3.2.1)

示例:产品或服务的制造商、批发商、零售商或商贩。

注1:供方可以是组织内部的或外部的。

注2:在合同情况下,供方有时称为"承包方"。

3.2.6

外部供方 external provider ;external supplier

组织(3.2.1)以外的供方(3.2.5)

示例:产品(3.7.6)或服务(3.7.7)的制造商、批发商、零售商或商贩。

3.2.7

调解过程提供方 DRP-provider;dispude resulotion process provider

提供和实施外部争议(3.9.6)解决过程(3.4.1)的个人或组织(3.2.1)

注1:通常,调解过程提供方是一个法律实体,独立于组织和投诉者,因此具有独立性和公正性。在某些情况下,组织内部会设立一个独立的部门,以处理未解决的投诉(3.9.3)。

注2:调解过程提供方与各方约定调解过程,并对执行情况负责。调解过程提供方安排调解人(3.1.6)。调解过程提供方也利用支持人员、行政人员和其他人员提供资金、文秘、日程安排、培训、会议室、监管和类似职能。

注3:调解过程提供方可以是多种类型,包括非营利、营利和公共事业实体。协会(3.2.8)也可作为调解过程提供方。

注4:在 GB/T 19013—2009 中,使用术语"提供方"代替"调解过程提供方"。

[源自:GB/T 19013—2009,3.9,改写]

3.2.8

协会 association

<顾客满意>由成员组织或个人组成的组织(3.2.1)

[源自:GB/T 19013—2009,3.1]

3.2.9

计量职能 metrological function

负责确定并实施测量管理体系(3.5.7)的行政和技术职能

[源自：GB/T 19022—2003,3.6,改写]

3.3 有关活动的术语

3.3.1

改进 improvement

提高绩效(3.7.8)的活动

注：活动可以是循环的或一次性的。

3.3.2

持续改进 continual improvement

提高绩效(3.7.8)的循环活动

注1：为改进(3.3.1)制定目标(3.7.1)和寻找机会的过程(3.4.1)是一个通过利用审核发现(3.13.9)和审核结论(3.13.10)、数据分析(3.8.1)、管理(3.3.3)评审(3.11.2)或其他方法的持续过程，通常会产生纠正措施(3.12.2)或预防措施(3.12.1)。

注2：这是 ISO/IEC 导则 第1部分的 ISO 补充规定的附件 SL 中给出的 ISO 管理体系标准中的通用术语及核心定义之一，最初的定义已经通过增加注1被改写。

3.3.3

管理 management

指挥和控制组织(3.2.1)的协调活动

注1：管理可包括制定方针(3.5.8)和目标(3.7.1)，以及实现这些目标的过程(3.4.1)。

注2：英语中，术语"management"有时指人，即具有领导和控制组织的职责和权限的一个人或一组人。当"management"以这样的意义使用时，均应附有某些修饰词以避免与上述将"management"的定义所确定的概念相混淆。例如：不赞成使用"managementshall..."，而应使用"topmanagement(3.1.1)shall..."。另外，当需要表达有关人的概念时，应该采用不同的术语，如：managerial or managers。

3.3.4

质量管理 quality management

关于质量(3.6.2)的管理(3.3.3)

注：质量管理可包括制定质量方针(3.5.9)和质量目标(3.7.2)，以及通过质量策划(3.3.5)、质量保证(3.3.6)质量控制(3.3.7)、和质量改进(3.3.8)实现这些质量目标的过程(3.4.1)。

3.3.5

质量策划 quality planning

质量管理(3.3.4)的一部分，致力于制定质量目标(3.7.2)并规定必要的运行过程(3.4.1)和相关资源以实现质量目标

注：编制质量计划(3.8.9)可以是质量策划的一部分。

3.3.6

质量保证 quality assurance

质量管理(3.3.4)的一部分，致力于提供质量要求(3.6.5)会得到满足的信任

3.3.7

质量控制   quality control

质量管理(3.3.4)的一部分,致力于满足质量要求(3.6.5)

3.3.8

质量改进   quality improvement

质量管理(3.3.4)的一部分,致力于增强满足质量要求(3.6.5)的能力

注:质量要求可以是有关任何方面的,如有效性(3.7.11)、效率(3.7.10)或可追溯性(3.6.13)。

3.3.9

技术状态管理   configuration management

指挥和控制技术状态(3.10.6)的协调活动

注:技术状态管理通常集中在建立和保持某个产品(3.7.6)或服务(3.7.7)及其产品技术状态信息(3.6.8)控制的技术和组织活动的整个产品寿命周期内。

[源自:GB/T 19017—2008,3.6,改写,注被修改]

3.3.10

更改控制   change control

＜技术状态管理＞在输出(3.7.5)的产品技术状态信息(3.6.8)被正式批准后,对输出的控制活动

[源自:GB/T 19017—2008,3.1,改写]

3.3.11

活动   activity

＜项目管理＞在项目(3.4.2)中识别出的最小的工作项

[源自:GB/T 19016—2005,3.1,改写]

3.3.12

项目管理   project management

对项目(3.4.2)各方面的策划、组织、监视(3.11.3)、控制和报告,并激励所有参与者实现项目目标

[源自:GB/T 19016—2005,3.6,]

3.3.13

技术状态项   configuration object

满足最终使用功能的某个技术状态(3.10.6)内的客体(3.6.1)

[源自:GB/T 19017—2008,3.5,改写]

3.4 有关过程的术语

3.4.1

过程   process

利用输入实现预期结果的相互关联或相互作用的一组活动

注1:过程的"预期结果"是称为输出(3.7.5),还是称为产品(3.7.6)或服务(3.7.7),随相关语境而定。

注2:一个过程的输入通常是其他过程的输出,而一个过程的输出又通常是其他过程的输入。

注3:两个或两个以上相互关联和相互作用的连续过程也可作为一个过程。

注4:组织(3.2.1)通常对过程进行策划,并使其在授控条件下运行,以增加价值。

注5:不易或不能经济地确认其输出是否合格(3.6.11)的过程,通常称之为"特殊过程"。

注6：这是ISO/IEC导则 第1部分的ISO补充规定的附件SL中给出的ISO管理体系标准中的通用术语及核心定义之一，最初的定义已经被改写，以避免过程和输出之间循环解释，并增加了注1至注5。

3.4.2
项目　project

由一组有起止日期的、相互协调的受控活动组成的独特过程(3.4.1)，该过程要达到符合包括时间、成本和资源的约束条件在内的规定要求(3.6.4)的目标(3.7.1)

注1：单个项目可作为一个较大项目结构中的组成部分，且通常规定开始和结束日期。

注2：在一些项目中，随着项目的进展，目标和范围被更新，产品(3.7.6)或服务(3.7.7)特性(3.10.1)被逐步确定。

注3：项目的输出(3.7.5)可以是一个或几个产品或服务单元。

注4：项目组织(3.2.1)通常是临时的，是根据项目的生命期而建立的。

注5：项目活动之间相互作用的复杂性与项目规模没有必然的联系。

[源自：GB/T 19016—2005,3.5,改写，注1至注3被修改]

3.4.3
质量管理体系实现　quality management system realization

建立、形成文件、实施、保持和持续改进质量管理体系(3.5.4)的过程(3.4.1)

[源自：GB/T 19029—2009,3.1,改写，注已被删除]

3.4.4
能力获得　competence acquisition

获得能力(3.10.4)的过程(3.4.1)

[源自：ISO 10018:2012,3.2,改写]

3.4.5
程序　procedure

为进行某项活动或过程(3.4.1)所规定的途径

注1：程序可以形成文件，也可以不形成文件。

3.4.6
外包　outsource

安排外部组织(3.2.1)承担组织的部分职能或过程(3.4.1)

注1：虽然外包的职能或过程是在组织的管理体系(3.5.3)范围内，但是外部组织是处在范围之外。

注2：这是ISO/IEC导则 第1部分的ISO补充规定的附件SL中给出的ISO管理体系标准中的通用术语及核心定义之一。

3.4.7
合同　contract

有约束力的协议

3.4.8
设计和开发　design and development

将对客体(3.6.1)的要求(3.6.4)转换为对其更详细的要求的一组过程(3.4.1)

注1：形成的设计和开发输入的要求，通常是研究的结果。与形成的设计和开发输出(3.7.5)的要求相比较，可以用更宽泛和更通用的含意予以表达。通常，这些要求以特性(3.10.1)来规定。在一个项目(3.4.2)中，可以有多个设计和开发阶段。

注2：在英语中，单词"design"和"development"与术语"design and development"有时是同义的，有时用于

规定整个设计和开发的不同阶段。在法语中,单词"conception"和"développement"与术语"conception et développement"有时是同义的,有时用于规定整个设计和开发的不同阶段。

注3:可以使用修饰词表述设计和开发的性质(如:产品(3.7.6)设计和开发、服务(3.7.7)设计和开发或过程设计和开发)。

3.5 有关体系的术语

3.5.1

体系系统 system

相互关联或相互作用的一组要素

3.5.2

基础设施 infrastructure

＜组织＞组织(3.2.1)运行所必需的设施、设备和服务(3.7.7)的系统(3.5.1)

3.5.3

管理体系 management system

组织(3.2.1)建立方针(3.5.8)和目标(3.7.1)以及实现这些目标的过程(3.4.1)的相互关联或相互作用的一组要素

注1:一个管理体系可以针对单一的领域或几个领域,如质量管理(3.3.4)、财务管理或环境管理。

注2:管理体系要素规定了组织的结构、岗位和职责、策划、运行、方针、惯例、规则、理念、目标,以及实现这些目标的过程。

注3:管理体系的范围可能包括整个组织,组织中可被明确识别的职能或可被明确识别的部门,以及跨组织的单一职能或多个职能。

注4:这是 ISO/IEC 导则 第1部分的 ISO 补充规定的附件 SL 中给出的 ISO 管理体系标准中的通用术语及核心定义之一,最初的定义已经通过修改注1至注3被改写。

3.5.4

质量管理体系 quality management system

管理体系(3.5.3)中关于质量(3.6.2)的部分

3.5.5

工作环境 work environment

工作时所处的一组条件

注:条件包括物理的、社会的、心理的和环境的因素(如温度、光照、表彰方案、职业压力、人因工效和大气成分)。

3.5.6

计量确认 metrological confirmation

为确保测量设备(3.11.6)符合预期使用要求(3.6.4)所需要的一组操作。

注1:计量确认通常包括:校准或检定[验证(3.8.12)]、各种必要的调整或维修[返修(3.12.9)]及随后的再校准、与设备预期使用的计量要求相比较,以及所要求的封印和标签。

注2:只有测量设备已被证实适合于预期使用并形成文件,计量确认才算完成。

注3:预期使用要求包括:量程、分辨率和最大允许误差。

注4:计量要求通常与产品(3.7.6)要求不同,并且不在产品要求中规定。

[源自:GB/T 19022—2003,3.5,改写,注1已被修改]

3.5.7

测量管理体系 measurement management system

实现计量确认(3.5.6)和测量过程(3.11.5)控制所必需的相互关联或相互作用的一组要素

［源自：GB/T 19022—2003,3.1,改写］

3.5.8

方针 policy

＜组织＞由最高管理者(3.1.1)正式发布的组织(3.2.1)的宗旨和方向

注：这是 ISO/IEC 导则 第1部分的 ISO 补充规定的附件 SL 中给出的 ISO 管理体系标准中的通用术语及核心定义之一。

3.5.9

质量方针 quality policy

关于质量(3.6.2)的方针(3.5.8)

注1：通常，质量方针与组织(3.2.1)的总方针相一致，可以与组织的愿景(3.5.10)和使命(3.5.11)相一致，并为制定质量目标(3.7.2)提供框架。

注2：本标准中提出的质量管理原则可以作为制定质量方针的基础。

3.5.10

愿景 vision

＜组织＞由最高管理者(3.1.1)发布的对组织(3.2.1)的未来展望

3.5.11

使命 mission

＜组织＞由最高管理者(3.1.1)发布的组织(3.2.1)存在的目的

3.5.12

战略 strategy

实现长期或总目标(3.7.1)的计划

3.6 有关要求的术语

3.6.1

客体 object；entity；item

可感知或可想象到的任何事物

示例：产品(3.7.6)、服务(3.7.7)、过程(3.4.1)、人员、组织(3.2.1)、体系(3.5.1)、资源。

注：实体可能是物质的(如：一台发动机、一张纸、一颗钻石)，非物质的(如：转换率、一个项目计划)或想象的(如：组织未来的状态)

［源自：GB/T 15237.1—2000,3.1.1,改写］

3.6.2

质量 quality

客体(3.6.1)的一组固有特性(3.10.1)满足要求(3.6.4)的程度

注1：术语"质量"可使用形容词来修饰，如：差、好或优秀。

注2："固有"(其对应的是"赋予")是指存在于客体(3.6.1)中。

3.6.3
等级　grade

对功能用途相同的客体(3.6.1)按不同要求(3.6.4)所做的分类或分级

示例：飞机的舱级和宾馆的等级分类。

注：在确定质量要求(3.6.5)时，等级通常是规定的。

3.6.4
要求　requirement

明示的、通常隐含的或必须履行的需求或期望

注1："通常隐含"是指组织(3.2.1)和相关方(3.2.3)的惯例或一般做法，所考虑的需求或期望是不言而喻的。

注2：规定要求是经明示的要求，如：成交信息(3.8.6)中阐明。

注3：特定要求可使用限定词表示，如：产品(3.7.6)要求、质量管理(3.3.4)要求、顾客(3.2.4)要求、质量要求(3.6.5)。

注4：要求可由不同的相关方或组织自己提出。

注5：为实现较高的顾客满意(3.9.2)，可能有必要满足那些顾客既没有明示、也不是通常隐含或必须履行的期望。

注6：这是ISO/IEC导则 第1部分的ISO补充规定的附件SL中给出的ISO管理体系标准中的通用术语及核心定义之一，最初的定义已经通过增加注3至注5被改写。

3.6.5
质量要求　quality requirement

关于质量(3.6.2)的要求(3.6.4)

3.6.6
法律要求　statutory requirement

立法机构规定的强制性要求(3.6.4)

3.6.7
法规要求　regulatory requirement

立法机构授权的部门规定的强制性要求(3.6.4)

3.6.8
产品技术状态信息　product configuration information

对产品(3.7.6)设计、实现、验证(3.8.12)、运行和支持的要求(3.6.4)或其他信息

[源自：GB/T 19017—2008，3.9，改写]

3.6.9
不合格　nonconformity

不符合

未满足要求(3.6.4)

注：这是ISO/IEC导则 第1部分的ISO补充规定的附件SL中给出的ISO管理体系标准中的通用术语及核心定义之一。

3.6.10
缺陷　defect

与预期或规定用途有关的不合格(3.6.9)

注1:区分缺陷与不合格的概念是重要的,这是因为其中有法律内涵,特别是与产品(3.7.6)和服务(3.7.7)责任问题有关。

注2:顾客(3.2.4)希望的预期用途可能受供方(3.2.5)所提供的信息(3.8.2)的性质影响,如操作或维护说明。

3.6.11

合格 conformity

符合

满足要求(3.6.4)

注1:在英语中,"conformance"一词与本词是同义的,但不赞成使用。在法语中,"compliance"也是同义的,但不赞成使用。

注2:这是 ISO/IEC 导则 第1部分的 ISO 补充规定的附件 SL 中给出的 ISO 管理体系标准中的通用术语及核心定义之一,最初的定义已经通过增加注1被改写。

3.6.12

能力 capability

客体(3.6.1)实现满足要求(3.1.2)的输出(3.7.5)的本领

注:GB/T 3358.2 中确定了统计领域中过程(3.4.1)能力术语。

3.6.13

可追溯性 traceability

追溯客体(3.6.1)的历史、应用情况或所处位置的能力

注1:当考虑产品(3.7.6)或服务(3.7.7)时,可追溯性可涉及:
——原材料和零部件的来源;
——加工的历史;
——产品或服务交付后的分布和所处位置。

注2:在计量学领域中,采用 ISO/IEC 指南 99 中的定义。

3.6.14

可信性 dependability

在需要时完成规定功能的能力

[源自:IEC 60050-192,修订,注已被删除]

3.6.15

创新 innovation

实现或重新分配价值的,新的或变化的客体(3.6.1)

注1:以创新为结果的活动需要管理。

注2:创新通常具有重要影响。

3.7 有关结果的术语

3.7.1

目标 objective

要实现的结果

注1:目标可以是战略的、战术的或操作层面的。

注2:目标可以涉及不同的领域(如:财务的、职业健康与安全的和环境的目标),并可应用于不同的层次(如:战略的、组织(3.2.1)整体的、项目(3.4.2)的、产品(3.7.6)和过程(3.4.1)的)。

注3:可以采用其他的方式表述目标,例如:采用预期的结果、活动的目的或运行准则作为质量目标(3.7.

2),或使用其他有类似含意的词(如:目的、终点或指标)。

注4:在质量管理体系(3.5.4)环境中,组织(3.2.1)制定的质量目标(3.7.2)与质量方针(3.5.9)保持一致,以实现特定的结果。

注5:这是ISO/IEC导则 第1部分的ISO补充规定的附件SL中给出的ISO管理体系标准中的通用术语及核心定义之一。原定义已通过修改注2被改写。

3.7.2

质量目标 quality objective

关于质量(3.6.2)的目标(3.7.1)

注1:质量目标通常依据组织(3.2.1)的质量方针(3.2.4)制定。

注2:通常,在组织(3.2.1)的相关职能、层级和过程(3.4.1)分别规定质量目标。

3.7.3

成功 success

<组织>目标(3.7.1)的实现

注:组织(3.2.1)的成功强调需在其经济或财务利益与相关方(3.2.3)需求之间取得平衡,相关方可包括:顾客(3.2.4)、用户、投资者/受益者(所有者)、组织内的人员、供方(3.2.5)、合作伙伴、利益团体和社区。

3.7.4

持续成功 sustained success

<组织>在一段时期内自始至终的成功(3.7.3)

注1:持续成功强调组织(3.2.1)的经济利益与社会的和生态环境的需求之间的平衡。

注2:持续成功涉及组织的相关方(3.2.3),如:顾客(3.2.4)、所有者、组织内的人员、供方(3.2.5)、银行、协会、合作伙伴或社会。

3.7.5

输出 output

过程(3.4.1)的结果

注:组织(3.2.1)的输出是产品(3.7.6)还是服务(3.7.7),取决于其主要特性(3.10.1),如:画廊销售的一幅画是产品,而接受委托绘画则是服务。在零售店购买的汉堡是产品,而在饭店里接受点餐并提供汉堡则是服务的一部分。

3.7.6

产品 product

在组织和顾客(3.2.4)之间未发生任何交易的情况下,组织(3.2.1)能够产生的输出(3.7.5)

注1:在供方(3.2.5)和顾客之间未发生任何必要交易的情况下,可以实现产品的生产。但是,当产品交付给顾客时,通常包含服务(3.7.7)因素。

注2:通常,产品的主要要素是有形的。

注3:硬件是有形的,其量具有计数的特性(3.10.1)(如:轮胎)。流程性材料是有形的,其量具有连续的特性(如:燃料和软饮料)。硬件和流程性材料经常被称为货物。软件由信息(3.8.2)组成,无论采用何种介质传递(如:计算机程序、移动电话应用程序、操作手册、字典、音乐作品版权、驾驶执照)。

3.7.7

服务 service

至少有一项活动必需在组织(3.2.1)和顾客(3.2.4)之间进行的组织的输出(3.7.5)

注1:通常,服务的主要要素是无形的。

注2:通常,服务包含与顾客在接触面的活动,除了确定顾客的要求(3.6.4)以提供服务外,可能还包括与

顾客建立持续的关系,如:银行、会计师事务所,或公共组织(如:学校或医院)等。

注3:服务的提供可能涉及,例如:

——在顾客提供的有形产品(3.7.6)(如需要维修的汽车)上所完成的活动。

——在顾客提供的无形产品(如为准备纳税申报单所需的损益表)上所完成的活动。

——无形产品的交付(如知识传授方面的信息(3.8.2)提供)。

——为顾客创造氛围(如在宾馆和饭店)。

注4:通常,服务由顾客体验。

3.7.8 绩效 performance

可测量的结果

注1:绩效可能涉及定量的或定性的结果。

注2:绩效可能涉及活动(3.3.11)、过程(3.4.1)、产品(3.7.6)、服务(3.7.7)、体系(3.5.1)或组织(3.2.1)的管理(3.3.3)。

注3:这是ISO/IEC导则 第1部分的ISO补充规定的附件SL中给出的ISO管理体系标准中的通用术语及核心定义之一,最初的定义已经通过修改注2被改写。

3.7.9

风险 risk

不确定性的影响

注1:影响是指偏离预期,可以是正面的或负面的。

注2:不确定性是一种对某个事件,或是事件局部的结果或可能性缺乏理解或知识方面的信息(3.8.2)的状态。

注3:通常,风险是通过有关可能事件(GB/T 23694—2013中的定义,4.5.1.3)和后果(GB/T 23694—2013中的定义,4.6.1.3)或两者组合来描述其特性的。

注4:通常,风险是以某个事件的后果(包括情况的变化)及其发生的可能性(GB/T 23694—2013中的定义,4.6.1.1)的组合来表述的。

注5:"风险"一词有时仅在有负面后果的可能性时使用。

注6:这是ISO/IEC导则 第1部分的ISO补充规定的附件SL中给出的ISO管理体系标准中的通用术语及核心定义之一,最初的定义已经通过增加注5被改写。

3.7.10

效率 efficiency

得到的结果与所使用的资源之间的关系

3.7.11

有效性 effectiveness

完成策划的活动并得到策划结果的程度

注:这是ISO/IEC导则 第1部分的ISO补充规定的附件SL中给出的ISO管理体系标准中的通用术语及核心定义之一。

3.8 有关数据、信息和文件的术语

3.8.1

数据 data

关于客体(3.6.1)的事实

3.8.2
信息　information
有意义的数据(3.8.1)

3.8.3
客观证据　objective evidence
支持事物存在或真实性的数据(3.8.1)
注1：客观证据可通过观察、测量(3.11.4)、试验(3.11.8)或其他方法获得。
注2：通常，用于审核(3.13.1)目的的客观证据，是由与审核准则(3.13.7)相关的记录(3.8.10)、事实陈述或其他信息(3.8.2)所组成并可验证。

3.8.4
信息系统　information system
＜质量管理体系＞组织(3.2.1)内部使用的沟通渠道的网络

3.8.5
文件　document
信息(3.8.2)及其载体
示例：记录(3.8.10)、规范(3.8.7)、程序文件、图样、报告、标准。
注1：载体可以是纸张、磁性的、电子的、光学的计算机盘片、照片或标准样品，或它们的组合。
注2：一组文件，如若干个规范和记录，英文中通常被称为"documentation"。
注3：某些要求(3.6.4)(如易读的要求)与所有类型的文件有关，而另外一些对规范(如修订受控的要求)和记录(如可检索的要求)的要求可能有所不同。

3.8.6
成文信息　documented information
组织(3.2.1)需要控制和保持的信息(3.8.2)及其载体
注1：成文信息可以任何格式和载体存在，并可来自任何来源。
注2：成文信息可涉及：
1) 管理体系(3.5.3)，包括相关过程(3.4.1)；
2) 为组织运行产生的信息（一组文件）；
3) 结果实现的证据[记录(3.8.10)]。
注3：这是 ISO/IEC 导则 第1部分的 ISO 补充规定的附件 SL 中给出的 ISO 管理体系标准中的通用术语及核心定义之一。

3.8.7
规范　specification
阐明要求(3.6.4)的文件(3.8.5)
示例：质量手册(3.8.8)、质量计划(3.8.9)、技术图纸、程序文件、作业指导书。
注1：规范可能与活动有关[如：程序文件、过程(3.4.1)规范和试验(3.11.8)规范]或与产品(3.7.6)有关[如：产品规范、性能规范和图样]。
注2：规范可以陈述要求，也可以附带设计和开发(3.4.8)实现的结果。因此，在某些情况下，规范也可以作为记录(3.8.10)使用。

3.8.8
质量手册　quality manual
组织(3.2.1)的质量管理体系(3.5.4)的规范(3.8.7)

注：为了适应某个组织(3.2.1)的规模和复杂程度,质量手册在其详略程度和编排格式方面可以不同。

3.8.9

质量计划 quality plan

对特定的客体(3.6.1),规定由谁及何时应用程序(3.4.5)和相关资源的规范(3.8.7)

注1：这些程序通常包括所涉及的那些质量管理(3.3.4)过程(3.4.1)以及产品(3.7.6)和服务(3.7.7)实现过程。

注2：通常,质量计划引用质量手册(3.8.8)的部分内容或程序文件(3.8.5)。

注3：质量计划通常是质量策划(3.3.5)的结果之一。

3.8.10

记录 record

阐明所取得的结果或提供所完成活动的证据的文件(3.8.5)

注1：记录可用于正式的可追溯性(3.6.13)活动,并为验证(3.8.12)、预防措施(3.12.1)和纠正措施(3.12.2)提供证据。

注2：通常,记录不需要控制版本。

3.8.11

项目管理计划 project management plan

规定满足项目(3.4.2)目标(3.7.1)所必需的事项的文件(3.8.5)

注1：项目管理计划应当包括或引用项目质量计划(3.8.9)。

注2：适当时,项目管理计划还包括或引用其他计划,如与组织结构、资源、进度、预算、风险(3.7.9)管理(3.3.3)、环境管理、健康安全管理以及安全管理有关的计划。

[源自：GB/T 19016—2005,3.7]

3.8.12

验证 verification

通过提供客观证据(3.8.3)对规定要求(3.6.4)已得到满足的认定

注1：验证所需的客观证据可以是检验(3.11.7)结果或其他形式的确定(3.11.1)结果,如：变换方法进行计算或文件(3.8.5)评审。

注2：为验证所进行的活动有时被称为鉴定过程(3.4.1)。

注3："已验证"一词用于表明相应的状态。

3.8.13

确认 validation

通过提供客观证据(3.8.3)对特定的预期用途或应用要求(3.6.4)已得到满足的认定

注1：确认所需的客观证据可以是试验(3.11.8)结果或其他形式的确定(3.11.1)结果,如：变换方法进行计算或文件(3.8.5)评审。

注2："已确认"一词用于表明相应的状态。

注3：确认所使用的条件可以是实际的或是模拟的。

3.8.14

技术状态记实 configuration status accounting

对产品技术状态信息(3.6.8)、建议更改的状况和已批准更改的实施状况所做的正式记录和报告

[源自：GB/T 19017—2008,3.7]

3.8.15

特定情况　specific case

<质量计划>质量计划(3.8.9)的对象

注:使用该术语是为了避免在 GB/T 19015—2008 中"过程(3.4.1)、产品(3.7.6)、项目(3.4.2)或合同(3.4.7)"重复出现。

［源自:GB/T 19015—2008,3.10,改写,注已被修改］

3.9　有关顾客的术语

3.9.1

反馈　feedback

<顾客满意>对产品(3.7.6)、服务(3.7.7)或投诉处理过程(3.4.1)的意见、评价和诉求

［源自:ISO 10002:2014,3.6,改写,术语"服务"已包括在定义中］

3.9.2

顾客满意　customer satisfaction

顾客(3.2.4)对其期望已被满足程度的感受

注 1:在产品(3.7.6)或服务(3.7.7)交付之前,组织(3.2.1)有可能不了解顾客的期望,甚至顾客也在考虑之中。为了实现较高的顾客满意,可能有必要满足那些顾客既没有明示,也不是通常隐含或必须履行的期望。

注 2:投诉(3.9.3)是一种满意程度低的最常见的表达方式,但没有投诉并不一定表明顾客很满意。

注 3:即使规定的顾客要求(3.6.4)符合顾客的愿望并得到满足,也不一定确保顾客很满意。

［源自:ISO 10004:2012,3.3,改写。注已被修改］

3.9.3

投诉　complaint

<顾客满意>就产品(3.7.6)、服务(3.7.7)或投诉处理过程(3.4.1),表达对组织(3.2.1)的不满,无论是否明确地期望得到答复或解决问题

［源自:ISO 10002:2014,3.2,改写,术语"服务"已包括在定义中］

3.9.4

顾客服务　customer service

在产品(3.7.6)或服务(3.7.7)的整个寿命周期内,组织(3.2.1)与顾客(3.2.4)之间的互动

［源自:ISO 10002:2014,3.5,改写,术语"服务"已包括在定义中］

3.9.5

顾客满意行为规范　customer satisfaction code of conduct

组织(3.2.1)为提高顾客满意(3.9.2),就自身行为向顾客(3.2.4)做出的承诺及相关规定

注 1:相关规定可包括:目标(3.7.1)、条件、限制、联系信息(3.8.2)和投诉(3.9.3)处理程序(3.4.5)。

注 2:在 GB/T 19010—2009 中,术语"规范"用于代替"顾客满意行为规范"。

［源自:GB/T 19010—2009,3.1,改写,删除了已被接受的术语"规范",并且注 2 已被修改］

3.9.6

争议　dispute

<顾客满意>提交给调解过程提供方(3.2.7)的对某一投诉(3.9.3)的不同意见

注:一些组织(3.2.1)允许顾客(3.2.4)首先向调解过程提供方表示其不满,这种不满意的表示如果反馈

给组织就变为投诉;如果在调解过程提供方未进行干预的情况下组织未能解决,这种不满意的表示就变为争议。许多组织都希望顾客在采取外部争议解决之前,首先向组织表达其不满意。

[源自:GB/T 19013—2009,3.6,改写]

3.10 有关特性的术语

3.10.1

特性 characteristic

可区分的特征

注1:特性可以是固有的或赋予的。

注2:特性可以是定性的或定量的。

注3:有各种类别的特性,如:

a)物理的(如:机械的、电的、化学的或生物学的特性);

b)感官的(如:嗅觉、触觉、味觉、视觉、听觉);

c)行为的(如:礼貌、诚实、正直);

d)时间的(如:准时性、可靠性、可用性、连续性);

e)人因工效的(如:生理的特性或有关人身安全的特性);

f)功能的(如:飞机的最高速度)。

3.10.2

质量特性 quality characteristic

与要求(3.6.4)有关的,客体(3.6.1)的固有特性(3.10.1)

注1:固有意味着本身就存在的,尤其是那种永久的特性(3.10.1)。

注2:赋予客体(3.6.1)的特性(3.10.1)(如:客体的价格)不是它们的质量特性。

3.10.3

人为因素 human factor

对所考虑中的客体(3.6.1)有影响的人的特性(3.10.1)

注1:特性可以是物理的、认知的或社会的。

注2:人为因素可对管理体系(3.5.3)产生重大影响。

3.10.4

能力 competence

应用知识和技能实现预期结果的本领

注1:经证实的能力有时是指资格。

注2:这是ISO/IEC导则 第1部分的ISO补充规定的附件SL中给出的ISO管理体系标准中的通用术语及核心定义之一,最初的定义已经通过增加注1被改写。

3.10.5

计量特性 metrological characteristic

能影响测量(3.11.4)结果的特性(3.10.1)

注1:测量设备(3.11.6)通常有若干个计量特性。

注2:计量特性可作为校准的对象。

3.10.6

技术状态 configuration

在产品技术状态信息(3.6.8)中规定的产品(3.7.6)或服务(3.7.7)的相互关联的功能特性和物理特性(3.10.1)

[源自:GB/T 19017—2008,3.3,改写。术语"服务"已包括在定义中]

3.10.7
技术状态基线　configuration baseline
由在某一时间点确立的作为产品(3.7.6)或服务(3.7.7)整个寿命周期内活动参考基准的产品或服务的特性(3.10.1)构成的,经批准的产品技术状态信息(3.6.8)。

[源自:GB/T 19017—2008,3.4,改写。术语"服务"已包括在定义中]

3.11　有关确定的术语

3.11.1
确定　determination
查明一个或多个特性(3.10.1)及特性值的活动。

3.11.2
评审　review
对客体(3.6.1)实现所规定目标(3.7.1)的适宜性、充分性或有效性(3.7.11)的确定(3.11.1)。

示例:管理评审、设计和开发(3.4.8)评审、顾客(3.2.4)要求(3.6.4)评审、纠正措施(3.12.2)评审和同行评审。

注:评审也可包括确定效率(3.7.10)。

3.11.3
监视　monitoring
确定(3.11.1)体系(3.5.1)、过程(3.4.1)、产品(3.7.6)、服务(3.7.7)或活动的状态。

注1:确定状态可能需要检查、监督或密切观察。

注2:通常,监视是在不同的阶段或不同的时间,对客体(3.6.1)状态的确定。

注3:这是ISO/IEC导则 第1部分的ISO补充规定的附件SL中给出的ISO管理体系标准中的通用术语及核心定义之一,最初的定义和注1已经被改写,并增加了注2。

3.11.4
测量　measurement
确定数值的过程(3.4.1)。

注1:根据GB/T 3358.2,确定的数值通常是量值。

注2:这是ISO/IEC导则 第1部分的ISO补充规定的附件SL中给出的ISO管理体系标准中的通用术语及核心定义之一,最初的定义已经通过增加注1被改写。

3.11.5
测量过程　measurement process
确定量值的一组操作。

3.11.6
测量设备　measuring equipment
为实现测量过程(3.11.5)所必需的测量仪器、软件、测量标准、标准物质或辅助设备或它们的组合。

3.11.7
检验　inspection
对符合(3.6.11)规定要求(3.6.4)的确定(3.11.1)。

注1:显示合格的检验结果可用于验证(3.8.12)的目的。

注2:检验的结果可表明合格、不合格(3.6.9)或合格的程度。

3.11.8

试验 test

按照要求(3.6.4)对特定的预期用途或应用的确定(3.11.1)。

注:显示合格(3.6.11)的试验结果可用于确认(3.8.13)的目的。

3.11.9

进展评价 progress evaluation

<项目管理>针对实现项目(3.4.2)目标(3.7.1)所做的进展情况的评定。

注1:评定应当在整个项目过程(3.4.1)中,在项目生命周期的适当点,依据项目过程和产品(3.7.6)或服务(3.7.7)的准则进行。

注2:进展评价的结果可能导致对项目管理计划(3.8.11)的修订。

[源自:GB/T 19016—2005,3.4,改写。注已被修改]

3.12 有关措施的术语

3.12.1

预防措施 preventive action

为消除潜在不合格(3.6.9)或其他潜在不期望情况的原因所采取的措施

注1:一个潜在不合格可以有若干个原因。

注2:采取预防措施是为了防止发生,而采取纠正措施(3.12.2)是为了防止再发生。

3.12.2

纠正措施 corrective action

为消除不合格(3.6.9)的原因并防止再发生所采取的措施

注1:一个不合格可以有若干个原因。

注2:采取纠正措施是为了防止再发生,而采取预防措施(3.12.1)是为了防止发生。

注3:这是ISO/IEC导则 第1部分的ISO补充规定的附件SL中给出的ISO管理体系标准中的通用术语及核心定义之一,最初的定义已经通过增加注1和注2被改写。

3.12.3

纠正 correction

为消除已发现的不合格(3.6.9)所采取的措施

注1:纠正可与纠正措施(3.12.2)一起实施,或在其之前或之后实施。

注2:返工(3.12.8)或降级(3.12.4)可作为纠正的示例。

3.12.4

降级 regrade

为使不合格(3.6.9)产品(3.7.6)或服务(3.7.7)符合不同于原有的要求(3.6.4)而对其等级(3.6.3)的变更

3.12.5

让步 concession

对使用或放行(3.12.7)不符合规定要求(3.6.4)的产品(3.7.6)或服务(3.7.7)的许可

注:通常,让步仅限于在规定的时间或数量内及特定的用途,对含有限定的不合格(3.6.9)特性(3.10.1)的产品和服务的交付。

3.12.6
偏离许可 deviation permit

产品(3.7.6)或服务(3.7.7)实现前,对偏离原规定要求(3.6.4)的许可

注:偏离许可通常是在限定的产品和服务数量或期限内并针对特定的用途。

3.12.7
放行 release

对进入一个过程(3.4.1)的下一阶段或下一过程的许可

注:在英语中,就软件和文件(3.8.5)而言,单词"release"通常是指软件或文件本身的版本。

3.12.8
返工 rework

为使不合格(3.6.9)产品(3.7.6)或服务(3.7.7)符合要求(3.6.4)而对其采取的措施

注:返修可影响或改变不合格的产品或服务的某些部分。

3.12.9
返修 repair

为使不合格(3.6.9)产品(3.7.6)或服务(3.7.7)满足预期用途而对其采取的措施

注1:不合格的产品或服务的成功返修未必能使产品符合要求(3.6.4)。返修可能需要连同让步(3.12.5)。

注2:返修包括对以前是合格的产品或服务,为重新使用所采取的修复措施,如作为维修的一部分。

注3:返工可影响或改变不合格的产品或服务的某些部分。

3.12.10
报废 scrap

为避免不合格(3.6.9)产品(3.7.6)或服务(3.7.7)原有的预期使用而对其所采取的措施

示例:回收、销毁。

注:对不合格服务的情况,通过终止服务来避免其使用。

3.13 有关审核的术语

3.13.1
审核 audit

为获得客观证据(3.8.3)并对其进行客观的评价,以确定满足审核准则(3.13.7)的程度所进行的系统的、独立的并形成文件的过程(3.4.1)

注1:审核的基本要素包括由对被审核客体不承担责任的人员,按照程序(3.5.4)对客体(3.6.1)是否合格(3.6.11)所做的确定(3.11.1)。

注2:审核可以是内部(第一方)审核,或外部(第二方或第三方)审核,也可以是多体系审核(3.13.2)或联合审核(3.13.3)。

注3:内部审核,有时称为第一方审核,由组织(3.2.1)自己或以组织的名义进行,用于管理(3.3.3)评审(3.11.2)和其他内部目的,可作为组织自我合格声明的基础。内部审核可以由与正在被审核的活动无责任关系的人员进行,以证实独立性。

注4:通常,外部审核包括第二方和第三方审核。第二方审核由组织的相关方,如顾客(3.2.4)或由其他人员以相关方的名义进行。第三方审核由外部独立的审核组织进行,如提供合格认证/注册的组织或政府机构。

注5:这是ISO/IEC导则 第1部分的ISO补充规定的附件SL中给出的ISO管理体系标准中的通用术语及核心定义之一,最初的定义和注释已经被改写,以消除术语"审核准则"与"审核证据"之间循环定义的影响,并增加了注3和注4。

3.13.2
多体系审核　combined audit

在一个受审核方(3.13.12),对两个或两个以上管理体系(3.5.3)一起实施的审核(3.13.1)

注:被包含在多体系审核中的管理体系的一部分,可通过组织(3.2.1)应用的相关管理体系标准、产品标准、服务标准、或过程标准来加以识别。

3.13.3
联合审核　joint audit

在一个受审核方(3.13.12),由两个或两个以上审核组织(3.2.1)同时实施的审核(3.13.1)

3.13.4
审核方案　audit programme

针对特定时间段所策划并具有特定目标的一组(一次或多次)审核(3.13.1)安排

[源自:GB/T 19011—2013,3.13,改写]

3.13.5
审核范围　audit scope

审核(3.13.1)的内容和界限

注:审核范围通常包括对实际位置、组织单元、活动和过程(3.4.1)的描述。

[源自:GB/T 19011—2013,3.14,改写。注已被修改]

3.13.6
审核计划　audit plan

对审核(3.13.1)活动和安排的描述

[源自:GB/T 19011—2013,3.15]

3.13.7
审核准则　audit criteria

用于与客观证据(3.8.3)进行比较的一组方针(3.5.8)、程序(3.4.5)或要求(3.6.4)

[源自:GB/T 19011—2013,3.2,改写,术语"审核证据"已被"客观证据"替代]

3.13.8
审核证据　audit evidence

与审核准则(3.13.7)有关并能够证实的记录、事实陈述或其他信息

[源自:GB/T 19011—2013,3.3,改写,注已被删除]

3.13.9
审核发现　audit finding

将收集的审核证据(3.13.8)对照审核准则(3.13.7)进行评价的结果

注1:审核发现表明符合(3.6.11)或不符合(3.6.9)。

注2:审核发现可导致识别改进(3.3.1)的机会或记录良好实践。

注3:如果审核准则(3.13.7)选自法律要求(3.6.6)或法规要求(3.6.7),审核发现可被称为合规或不合规。

[源自:GB/T 19011—2013,3.4,修订,注3已被修订]

3.13.10
审核结论　audit conclusion

考虑了审核目标和所有审核发现(3.13.9)后得出的审核(3.13.1)结果

［源自:GB/T 19011—2013,3.5］

3.13.11
审核委托方　audit client

要求审核(3.13.1)的组织(3.2.1)或个人

［源自:GB/T 19011—2013,3.6,改写。注已被修改］

3.13.12
受审核方　auditee

被审核的组织(3.2.1)

［源自:GB/T 19011—2013,3.7］

3.13.13
向导　guide

＜审核＞由受审核方(3.13.12)指定的协助审核组(3.13.14)的人员

［源自:GB/T 19011—2013,3.12］

附录二 质量管理体系 要求

1 范围

本标准为下列组织规定了质量管理体系要求：

a)需要证实其具有稳定提供满足顾客要求及适用法律法规要求的产品和服务的能力；

b)通过体系的有效应用，包括体系改进的过程，以及保证符合顾客要求和适用的法律法规要求，旨在增强顾客满意。

本标准规定的所有要求是通用的，旨在适用于各种类型、不同规模和提供不同产品和服务的组织。

注1：本标准中的术语"产品"或"服务"仅适用于预期提供给顾客或顾客所要求的产品和服务。

注2：法律法规要求可称作法定要求。

2 规范性引用文件

下列文件对于本文件的应用是必不可少的。凡是注日期的引用文件，仅注日期的版本适用于本文件。凡是不注日期的引用文件，其最新版本（包括所有的修改单）适用于本文件。

GB/T 19000—2016 质量管理体系 基础和术语（ISO 9000:2015,IDT）

3 术语和定义

GB/T 19000—2016界定的术语和定义适用于本文件。

4 组织环境

4.1 理解组织及其环境

组织应确定与其宗旨和战略方向相关并影响其实现质量管理体系预期结果的能力的各种外部和内部因素。

组织应对这些外部和内部因素的相关信息进行监视和评审。

注1：这些因素可能包括需要考虑的正面和负面要素或条件。

注2：考虑来自于国际、国内、地区或当地的各种法律法规、技术、竞争、市场、文化、社会和经济环境的因素，有助于理解外部环境。

注3：考虑与组织的价值观、文化、知识和绩效等有关的因素，有助于理解内部环境。

4.2 理解相关方的需求和期望

由于相关方对组织稳定提供符合顾客要求及适用法律法规要求的产品和服务的能力具有

影响或潜在影响,因此,组织应确定:

　　a)与质量管理体系有关的相关方;

　　b)与质量管理体系有关的相关方的要求。

　　组织应监视和评审这些相关方的信息及其相关要求。

4.3　确定质量管理体系的范围

组织应确定质量管理体系的边界和适用性,以确定其范围。

在确定范围时,组织应考虑:

(1)4.1中提及的各种外部和内部因素;

(2)4.2中提及的相关方的要求;

(3)组织的产品和服务。

如果本标准的全部要求适用于组织确定的质量管理体系范围,组织应实施本标准的全部要求。

组织的质量管理体系范围应作为成文信息,可获得并得到保持。该范围应描述所覆盖的产品和服务类型,如果组织确定本标准的某些要求不适用于其质量管理体系范围,应说明理由。

只有当所确定的不适用的要求不影响组织确保其产品和服务合格的能力或责任,对增强顾客满意也不会产生影响时,方可声称符合本标准的要求。

4.4　质量管理体系及其过程

4.4.1　组织应按照本标准的要求,建立、实施、保持和持续改进质量管理体系,包括所需过程及其相互作用。

组织应确定质量管理体系所需的过程及其在整个组织中的应用,且应:

　　a)确定这些过程所需的输入和期望的输出;

　　b)确定这些过程的顺序和相互作用;

　　c)确定和应用所需的准则和方法(包括监视、测量和相关绩效指标),以确保这些过程的有效运行和控制;

　　d)确定这些过程所需的资源并确保其可获得;

　　e)分配这些过程的职责和权限;

　　f)按照6.1的要求应对风险和机遇;

　　g)评价这些过程,实施所需的变更,以确保实现这些过程的预期结果;

　　h)改进过程和质量管理体系。

4.4.2　在必要的范围和程度上,组织应:

　　a)保持成文信息以支持过程运行;

　　b)保留成文信息以确信其过程按策划进行。

5　领导作用

5.1　领导作用和承诺

5.1.1　总则

最高管理者应通过以下方面,证实其对质量管理体系的领导作用和承诺:

　　a)对质量管理体系的有效性负责;

b)确保制定质量管理体系的质量方针和质量目标,并与组织环境相适应,与战略方向相一致;

c)确保质量管理体系要求融入组织的业务过程;

d)促进使用过程方法和基于风险的思维;

e)确保质量管理体系所需的资源是可获得的;

f)沟通有效的质量管理和符合质量管理体系要求的重要性;

g)确保质量管理体系实现其预期结果;

h)促使人员积极参与,指导和支持他们为质量管理体系的有效性做出贡献;

i)推动改进;

j)支持其他相关管理者在其职责范围内发挥领导作用。

注:本标准使用的"业务"一词可广义地理解为涉及组织存在目的的核心活动,无论是公有、私有、营利或非营利组织。

5.1.2 以顾客为关注焦点

最高管理者应通过确保以下方面,证实其以顾客为关注焦点的领导作用和承诺:

a)确定、理解并持续地满足顾客要求以及适用的法律法规要求;

b)确定和应对风险和机遇,这些风险和机遇可能影响产品和服务合格以及增强顾客满意的能力;

c)始终致力于增强顾客满意。

5.2 方针

5.2.1 制定质量方针

最高管理者应制定、实施和保持质量方针,质量方针应:

a)适应组织的宗旨和环境并支持其战略方向;

b)为建立质量目标提供框架;

c)包括满足适用要求的承诺;

d)包括持续改进质量管理体系的承诺。

5.2.2 沟通质量方针

质量方针应:

a)可获取并保持成文信息;

b)在组织内得到沟通、理解和应用;

c)适宜时,可为有关相关方所获取。

5.3 组织的岗位、职责和权限

最高管理者应确保组织相关岗位的职责、权限得到分配、沟通和理解。

最高管理者应分配职责和权限,以:

a)确保质量管理体系符合本标准的要求;

b)确保各过程获得其预期输出;

c)报告质量管理体系的绩效以及改进机会(见10.1),特别是向最高管理者报告;

d)确保在整个组织中推动以顾客为关注焦点;

e)确保在策划和实施质量管理体系变更时保持其完整性。

6 策划

6.1 应对风险和机遇的措施

6.1.1 在策划质量管理体系时,组织应考虑到4.1所提及的因素和4.2所提及的要求,并确定需要应对的风险和机遇,以:

a) 确保质量管理体系能够实现其预期结果;

b) 增强有利影响;

c) 预防或减少不利影响;

d) 实现改进。

6.1.2 组织应策划:

a) 应对这些风险和机遇的措施。

b) 如何:

1) 在质量管理体系过程中整合并实施这些措施(见4.4);

2) 评价这些措施的有效性。

应对措施应与风险和机遇对产品和服务符合性的潜在影响相适应。

注1:应对风险可选择规避风险,为寻求机遇承担风险,消除风险源,改变风险的可能性或后果,分担风险,或通过信息充分的决策而保留风险。

注2:机遇可能导致采用新实践、推出新产品、开辟新市场、赢得新顾客、建立合作伙伴关系、利用新技术和其他可行之处,以应对组织或其顾客的需求。

6.2 质量目标及其实现的策划

6.2.1 组织应针对相关职能、层次和质量管理体系所需的过程建立质量目标。

质量目标应:

a) 与质量方针保持一致;

b) 可测量;

c) 考虑适用的要求;

d) 与产品和服务合格以及增强顾客满意相关;

e) 予以监视;

f) 予以沟通;

g) 适时更新。

组织应保持有关质量目标的成文信息。

6.2.2 策划如何实现质量目标时,组织应确定:

a) 要做什么;

b) 需要什么资源;

c) 由谁负责;

d) 何时完成;

e) 如何评价结果。

6.3 变更的策划

当组织确定需要对质量管理体系进行变更时,变更应按所策划的方式实施(见4.4)。

组织应考虑:

a) 变更目的及其潜在后果;
b) 质量管理体系的完整性;
c) 资源的可获得性;
d) 职责和权限的分配或再分配。

7 支持

7.1 资源

7.1.1 总则

组织应确定并提供所需的资源,以建立、实施、保持和持续改进质量管理体系。

组织应考虑:

a) 现有内部资源的能力和局限;
b) 需要从外部供方获得的资源。

7.1.2 人员

组织应确定并配备所需的人员,以有效实施质量管理体系,并运行和控制其过程。

7.1.3 基础设施

组织应确定、提供并维护所需的基础设施,以运行过程,并获得合格产品和服务。

注:基础设施可包括:

a) 建筑物和相关设施;
b) 设备,包括硬件和软件;
c) 运输资源;
d) 信息和通讯技术。

7.1.4 过程运行环境

组织应确定、提供并维护所需的环境,以运行过程,并获得合格产品和服务。

注:适宜的过程运行环境可能是人为因素与物理因素的结合,例如:

a) 社会因素(如非歧视、安定、非对抗);
b) 心理因素(如减压、预防过度疲劳、稳定情绪);
c) 物理因素(如温度、热量、湿度、照明、空气流通、卫生、噪声)。

由于所提供的产品和服务不同,这些因素可能存在显著差异。

7.1.5 监视和测量资源

7.1.5.1 总则

当利用监视或测量来验证产品和服务符合要求时,组织应确定并提供所需的资源,以确保结果有效和可靠。

组织应确保所提供的资源:

a) 适合所开展的监视和测量活动的特定类型;
b) 得到维护,以确保持续适合其用途。

组织应保留适当的成文信息,作为监视和测量资源适合其用途的证据。

7.1.5.2 测量溯源

当要求测量溯源时,或组织认为测量溯源是信任测量结果有效的基础时,测量设备应:

a) 对照能溯源到国际或国家标准的测量标准,按照规定的时间间隔或在使用前进行校准和(或)检定,当不存在上述标准时,应保留作为校准或验证依据的成文信息;

b)予以识别,以确定其状态;

c)予以保护,防止由于调整、损坏或衰减所导致的校准状态和随后的测量结果的失效。

当发现测量设备不符合预期用途时,组织应确定以往测量结果的有效性是否受到不利影响,必要时应采取适当的措施。

7.1.6 组织的知识

组织应确定必要的知识,以运行过程,并获得合格产品和服务。

这些知识应予以保持,并能在所需的范围内得到。

为应对不断变化的需求和发展趋势,组织应审视现有的知识,确定如何获取或接触更多必要的知识和知识更新。

注1:组织的知识是组织特有的知识,通常从其经验中获得,是为实现组织目标所使用和共享的信息。

注2:组织的知识可基于:

a)内部来源(如知识产权、从经验获得的知识、从失败和成功项目吸取的经验和教训、获取和分享未成文的知识和经验,以及过程、产品和服务的改进结果);

b)外部来源(如标准、学术交流、专业会议、从顾客或外部供方收集的知识)。

7.2 能力

组织应:

a)确定在其控制下工作的人员所需具备的能力,这些人员从事的工作影响质量管理体系绩效和有效性;

b)基于适当的教育、培训或经验,确保这些人员是胜任的;

c)适用时,采取措施以获得所需的能力,并评价措施的有效性;

d)保留适当的成文信息,作为人员能力的证据。

注:适当措施可包括对在职人员进行培训、辅导或重新分配工作,或者聘用、外包胜任的人员。

7.3 意识

组织应确保在其控制下工作的人员知晓:

a)质量方针;

b)相关的质量目标;

c)他们对质量管理体系有效性的贡献,包括改进绩效的益处;

d)不符合质量管理体系要求的后果。

7.4 沟通

组织应确定与质量管理体系相关的内部和外部沟通,包括:

a)沟通什么;

b)何时沟通;

c)与谁沟通;

d)如何沟通;

e)谁来沟通。

7.5 成文信息

7.5.1 总则

组织的质量管理体系应包括:

a)本标准要求的成文信息;

b) 组织所确定的、为确保质量管理体系有效性所需的成文信息。

注：对于不同组织，质量管理体系成文信息的多少与详略程度可以不同，取决于：

a) 组织的规模，以及活动、过程、产品和服务的类型；

b) 过程及其相互作用的复杂程度；

c) 人员的能力。

7.5.2 创建和更新

在创建和更新成文信息时，组织应确保适当的：

a) 标识和说明（如标题、日期、作者、索引编号）；

b) 形式（如语言、软件版本、图表）和载体（如纸质的、电子的）；

c) 评审和批准，以保持适宜性和充分性。

7.5.3 成文信息的控制

7.5.3.1 应控制质量管理体系和本标准所要求的成文信息，以确保：

a) 在需要的场合和时机，均可获得并适用；

b) 予以妥善保护（如防止泄密、不当使用或缺失）。

7.5.3.2 为控制成文信息，适用时，组织应进行下列活动：

a) 分发、访问、检索和使用；

b) 存储和防护，包括保持可读性；

c) 更改控制（如版本控制）；

d) 保留和处置。

对于组织确定的策划和运行质量管理体系所必需的来自外部的成文信息，组织应进行适当识别，并予以控制。

对所保留的、作为符合性证据的成文信息应予以保护，防止非预期的更改。

注：对成文信息的"访问"可能意味着仅允许查阅，或者意味着允许查阅并授权修改。

8 运行

8.1 运行的策划和控制

为满足产品和服务提供的要求，并实施第 6 章所确定的措施，组织应通过以下措施对所需的过程（见 4.4）进行策划、实施和控制：

a) 确定产品和服务的要求。

b) 建立下列内容的准则：

　　1) 过程；

　　2) 产品和服务的接收。

c) 确定所需的资源以使产品和服务符合要求。

d) 按照准则实施过程控制。

e) 在必要的范围和程度上，确定并保持、保留成文信息，以：

　　1) 确信过程已经按策划进行；

　　2) 证实产品和服务符合要求。

策划的输出应适合于组织的运行。

组织应控制策划的变更，评审非预期变更的后果，必要时，采取措施减轻不利影响。

组织应确保外包过程受控(见8.4)。

8.2 产品和服务的要求
8.2.1 顾客沟通
与顾客沟通的内容应包括：
a) 提供有关产品和服务的信息；
b) 处理问询、合同或订单，包括更改；
c) 获取有关产品和服务的顾客反馈，包括顾客投诉；
d) 处置或控制顾客财产；
e) 关系重大时，制定应急措施的特定要求。

8.2.2 产品和服务要求的确定
在确定向顾客提供的产品和服务的要求时，组织应确保：
a) 产品和服务的要求得到规定，包括：
　　1) 适用的法律法规要求；
　　2) 组织认为的必要要求。
b) 提供的产品和服务能够满足所声明的要求。

8.2.3 产品和服务要求的评审
8.2.3.1 组织应确保有能力向顾客提供满足要求的产品和服务。在承诺向顾客提供产品和服务之前，组织应对如下各项要求进行评审：
a) 顾客规定的要求，包括对交付及交付后活动的要求；
b) 顾客虽然没有明示，但规定的用途或已知的预期用途所必需的要求；
c) 组织规定的要求；
d) 适用于产品和服务的法律法规要求；
e) 与以前表述不一致的合同或订单要求。

组织应确保与以前规定不一致的合同或订单要求已得到解决。

若顾客没有提供成文的要求，组织在接受顾客要求前应对顾客要求进行确认。

注：在某些情况下，如网上销售，对每一个订单进行正式的评审可能是不实际的，作为替代方法，可评审有关的产品信息，如产品目录。

8.2.3.2 适用时，组织应保留与下列方面有关的成文信息：
a) 评审结果；
b) 产品和服务的新要求。

8.2.4 产品和服务要求的更改
若产品和服务要求发生更改，组织应确保相关的成文信息得到修改，并确保相关人员知道已更改的要求。

8.3 产品和服务的设计和开发
8.3.1 总则
组织应建立、实施和保持适当的设计和开发过程，以确保后续的产品和服务的提供。

8.3.2 设计和开发策划
在确定设计和开发的各个阶段和控制时，组织应考虑：
a) 设计和开发活动的性质、持续时间和复杂程度；

b) 所需的过程阶段,包括适用的设计和开发评审;
c) 所需的设计和开发验证、确认活动;
d) 设计和开发过程涉及的职责和权限;
e) 产品和服务的设计和开发所需的内部、外部资源;
f) 设计和开发过程参与人员之间接口的控制需求;
g) 顾客及使用者参与设计和开发过程的需求;
h) 对后续产品和服务提供的要求;
i) 顾客和其他有关相关方期望的对设计和开发过程的控制水平;
j) 证实已经满足设计和开发要求所需的成文信息。

8.3.3 设计和开发输入

组织应针对所设计和开发的具体类型的产品和服务,确定必需的要求。组织应考虑:
a) 功能和性能要求;
b) 来源于以前类似设计和开发活动的信息;
c) 法律法规要求;
d) 组织承诺实施的标准或行业规范;
e) 由产品和服务性质所导致的潜在的失效后果。

针对设计和开发的目的,输入应是充分和适宜的,且应完整、清楚。

相互矛盾的设计和开发输入应得到解决。

组织应保留有关设计和开发输入的成文信息。

8.3.4 设计和开发控制

组织应对设计和开发过程进行控制,以确保:
a) 规定拟获得的结果;
b) 实施评审活动,以评价设计和开发的结果满足要求的能力;
c) 实施验证活动,以确保设计和开发输出满足输入的要求;
d) 实施确认活动,以确保形成的产品和服务能够满足规定的使用要求或预期用途;
e) 针对评审、验证和确认过程中确定的问题采取必要措施;
f) 保留这些活动的成文信息。

注:设计和开发的评审、验证和确认具有不同目的。根据组织的产品和服务的具体情况,可单独或以任意组合的方式进行。

8.3.5 设计和开发输出

组织应确保设计和开发输出:
a) 满足输入的要求;
b) 满足后续产品和服务提供过程的需要;
c) 包括或引用监视和测量的要求,适当时,包括接收准则;
d) 规定产品和服务特性,这些特性对于预期目的、安全和正常提供是必需的。

组织应保留有关设计和开发输出的成文信息。

8.3.6 设计和开发更改

组织应对产品和服务在设计和开发期间以及后续所做的更改进行适当的识别、评审和控制,以确保这些更改对满足要求不会产生不利影响。

组织应保留下列方面的成文信息：

a) 设计和开发更改；

b) 评审的结果；

c) 更改的授权；

d) 为防止不利影响而采取的措施。

8.4 外部提供的过程、产品和服务的控制

8.4.1 总则

组织应确保外部提供的过程、产品和服务符合要求。

在下列情况下，组织应确定对外部提供的过程、产品和服务实施的控制：

a) 外部供方的产品和服务将构成组织自身的产品和服务的一部分；

b) 外部供方代表组织直接将产品和服务提供给顾客；

c) 组织决定由外部供方提供过程或部分过程。

组织应基于外部供方按照要求提供过程、产品和服务的能力，确定并实施对外部供方的评价、选择、绩效监视以及再评价的准则。对于这些活动和由评价引发的任何必要的措施，组织应保留成文信息。

8.4.2 控制类型和程度

组织应确保外部提供的过程、产品和服务不会对组织稳定地向顾客交付合格产品和服务的能力产生不利影响。

组织应：

a) 确保外部提供的过程保持在其质量管理体系的控制之中。

b) 规定对外部供方的控制及其输出结果的控制。

c) 考虑：

1) 外部提供的过程、产品和服务对组织稳定地满足顾客要求和适用的法律法规要求的能力的潜在影响。

2) 由外部供方实施控制的有效性。

d) 确定必要的验证或其他活动，以确保外部提供的过程、产品和服务满足要求。

8.4.3 提供给外部供方的信息

组织应确保在与外部供方沟通之前所确定的要求是充分和适宜的。

组织应与外部供方沟通以下要求：

a) 需提供的过程、产品和服务。

b) 对下列内容的批准：

1) 产品和服务；

2) 方法、过程和设备；

3) 产品和服务的放行。

c) 能力，包括所要求的人员资格。

d) 外部供方与组织的互动。

e) 组织使用的对外部供方绩效的控制和监视。

f) 组织或其顾客拟在外部供方现场实施的验证或确认活动。

8.5 生产和服务提供
8.5.1 生产和服务提供的控制
组织应在受控条件下进行生产和服务提供。

适用时,受控条件应包括:

a)可获得成文信息,以规定以下内容:

　　1)拟生产的产品、提供的服务或进行的活动的特性;

　　2)拟获得的结果。

b)可获得和使用适宜的监视和测量资源。

c)在适当阶段实施监视和测量活动,以验证是否符合过程或输出的控制准则以及产品和服务的接收准则。

d)为过程的运行使用适宜的基础设施,并保持适宜的环境。

e)配备胜任的人员,包括所要求的资格。

f)若输出结果不能由后续的监视或测量加以验证,应对生产和服务提供过程实现策划结果的能力进行确认,并定期再确认。

g)采取措施防止人为错误。

h)实施放行、交付和交付后的活动。

8.5.2 标识和可追溯性
需要时,组织应采用适当的方法识别输出,以确保产品和服务合格。

组织应在生产和服务提供的整个过程中按照监视和测量要求识别输出状态。

当有可追溯要求时,组织应控制输出的唯一性标识,并应保留所需的成文信息以实现可追溯。

8.5.3 顾客或外部供方的财产
组织应爱护在组织控制下或组织使用的顾客或外部供方的财产。

对组织使用的或构成产品和服务一部分的顾客和外部供方财产,组织应予以识别、验证、保护和防护。

若顾客或外部供方的财产发生丢失、损坏或发现不适用情况,组织应向顾客或外部供方报告,并保留所发生情况的成文信息。

注:顾客或外部供方的财产可能包括材料、零部件、工具和设备以及场所、知识产权和个人资料。

8.5.4 防护
组织应在生产和服务提供期间对输出进行必要的防护,以确保符合要求。

注:防护可包括标识、处置、污染控制、包装、储存、传输或运输以及保护。

8.5.5 交付后的活动
组织应满足与产品和服务相关的交付后活动的要求。

在确定所要求的交付后活动的覆盖范围和程度时,组织应考虑:

a)法律法规要求;

b)与产品和服务相关的潜在不良的后果;

c)产品和服务的性质、使用和预期寿命;

d)顾客要求;

e)顾客反馈。

注：交付后活动可包括保证条款所规定的措施、合同义务（如维护服务等）、附加服务（如回收或最终处置等）。

8.5.6 更改控制

组织应对生产或服务提供的更改进行必要的评审和控制，以确保持续地符合要求。

组织应保留成文信息，包括有关更改评审的结果、授权进行更改的人员以及根据评审所采取的必要措施。

8.6 产品和服务的放行

组织应在适当阶段实施策划的安排，以验证产品和服务的要求已得到满足。

除非得到有关授权人员的批准，适用时得到顾客的批准，否则在策划的安排已圆满完成之前，不应向顾客放行产品和交付服务。

组织应保留有关产品和服务放行的成文信息。成文信息应包括：

a) 符合接收准则的证据；
b) 可追溯到授权放行人员的信息。

8.7 不合格输出的控制

8.7.1 组织应确保对不符合要求的输出进行识别和控制，以防止非预期的使用或交付。

组织应根据不合格的性质及其对产品和服务符合性的影响采取适当措施。这也适用于在产品交付之后，以及在服务提供期间或之后发现的不合格产品和服务。

组织应通过下列一种或几种途径处置不合格输出：

a) 纠正；
b) 隔离、限制、退货或暂停对产品和服务的提供；
c) 告知顾客；
d) 获得让步接收的授权。

对不合格输出进行纠正之后应验证其是否符合要求。

8.7.2 组织应保留下列成文信息：

a) 描述不合格；
b) 描述所采取的措施；
c) 描述获得的让步；
d) 识别处置不合格的授权。

9 绩效评价

9.1 监视、测量、分析和评价

9.1.1 总则

组织应确定：

a) 需要监视和测量什么；
b) 需要用什么方法进行监视、测量、分析和评价，以确保结果有效；
c) 何时实施监视和测量；
d) 何时对监视和测量的结果进行分析和评价。

组织应评价质量管理体系的绩效和有效性。

组织应保留适当的成文信息，以作为结果的证据。

9.1.2 顾客满意

组织应监视顾客对其需求和期望已得到满足的程度的感受。组织应确定获取、监视和评审该信息的方法。

注：监视顾客感受的例子可包括顾客调查、顾客对交付产品或服务的反馈、顾客座谈、市场占有率分析、顾客赞扬、担保索赔和经销商报告。

9.1.3 分析与评价

组织应分析和评价通过监视和测量获得的适当的数据和信息。

应利用分析结果评价：

a) 产品和服务的符合性；

b) 顾客满意程度；

c) 质量管理体系的绩效和有效性；

d) 策划是否得到有效实施；

e) 应对风险和机遇所采取措施的有效性；

f) 外部供方的绩效；

g) 质量管理体系改进的需求。

注：数据分析方法可包括统计技术。

9.2 内部审核

9.2.1 组织应按照策划的时间间隔进行内部审核，以提供有关质量管理体系的下列信息：

a) 是否符合：

　　1) 组织自身的质量管理体系要求；

　　2) 本标准的要求。

b) 是否得到有效的实施和保持。

9.2.2 组织应：

a) 依据有关过程的重要性、对组织产生影响的变化和以往的审核结果，策划、制定、实施和保持审核方案，审核方案包括频次、方法、职责、策划要求和报告；

b) 规定每次审核的审核准则和范围；

c) 选择审核员并实施审核，以确保审核过程客观公正；

d) 确保将审核结果报告给相关管理者；

e) 及时采取适当的纠正和纠正措施；

f) 保留成文信息，作为实施审核方案以及审核结果的证据。

注：相关指南参见 GB/T 19011。

9.3 管理评审

9.3.1 总则

最高管理者应按照策划的时间间隔对组织的质量管理体系进行评审，以确保其持续的适宜性、充分性和有效性，并与组织的战略方向保持一致。

9.3.2 管理评审输入

策划和实施管理评审时应考虑下列内容：

a) 以往管理评审所采取措施的情况。

b) 与质量管理体系相关的内外部因素的变化。

c)下列有关质量管理体系绩效和有效性的信息,包括其趋势:
　　1)顾客满意和有关相关方的反馈;
　　2)质量目标的实现程度;
　　3)过程绩效以及产品和服务的合格情况;
　　4)不合格及纠正措施;
　　5)监视和测量结果;
　　6)审核结果;
　　7)外部供方的绩效。
d)资源的充分性。
e)应对风险和机遇所采取措施的有效性(见6.1)。
f)改进的机会。

9.3.3　管理评审输出

管理评审的输出应包括与下列事项相关的决定和措施:
a)改进的机会;
b)质量管理体系所需的变更;
c)资源需求。
组织应保留成文信息,作为管理评审结果的证据。

10　改进

10.1　总则

组织应确定和选择改进机会,并采取必要措施,以满足顾客要求和增强顾客满意。
这应包括:
a)改进产品和服务,以满足要求并应对未来的需求和期望;
b)纠正、预防或减少不利影响;
c)改进质量管理体系的绩效和有效性。
　　注:改进的例子可包括纠正、纠正措施、持续改进、突破性变革、创新和重组。

10.2　不合格和纠正措施

10.2.1　当出现不合格时,包括来自投诉的不合格,组织应:
a)对不合格做出应对,并在适用时:
　　1)采取措施以控制和纠正不合格;
　　2)处置后果。
b)通过下列活动,评价是否需要采取措施,以消除产生不合格的原因,避免其再次发生或者在其他场合发生:
　　1)评审和分析不合格;
　　2)确定不合格的原因;
　　3)确定是否存在或可能发生类似的不合格。
c)实施所需的措施。
d)评审所采取的纠正措施的有效性。
e)需要时,更新在策划期间确定的风险和机遇。

f)需要时,变更质量管理体系。

纠正措施应与不合格所产生的影响相适应。

10.2.2 组织应保留成文信息,作为下列事项的证据:

a)不合格的性质以及随后所采取的措施;

b)纠正措施的结果。

10.3 持续改进

组织应持续改进质量管理体系的适宜性、充分性和有效性。

组织应考虑分析和评价的结果以及管理评审的输出,以确定是否存在需求或机遇,这些需求或机遇应作为持续改进的一部分加以应对。

附录 A
（资料性附录）
新结构、术语和概念说明

A.1 结构和术语

为了更好地与其他管理体系标准保持一致,与此前的版本(GB/T 19001—2008)相比,本标准的章节结构(及章条顺序)和某些术语发生了变更。

本标准未要求在组织质量管理体系的成文信息中应用本标准的结构和术语。

本标准的结构旨在对相关要求进行连贯表述,而不是作为组织的方针、目标和过程的文件结构范例。若涉及组织运行的过程以及出于其他目的而保持信息,则质量管理体系成文信息的结构和内容通常在更大程度上取决于使用者的需要。

无须在规定质量管理体系要求时以本标准中使用的术语代替组织使用的术语,组织可以选择使用适合其运行的术语(例如:可使用"记录""文件"或"协议",而不是"成文信息";或者使用"供应商""伙伴"或"卖方",而不是"外部供方")。本标准与此前版本之间的主要术语差异如表 A.1 所示。

表 A.1 GB/T 19001—2008 和 GB/T 19001—2016 之间的主要术语差异

GB/T 19001—2008	GB/T 19001—2016
产品	产品和服务
删除	未使用(见 A.5 对适用性的说明)
管理者代表	未使用(分配类似的职责和权限,但不要求委任一名管理者代表)
文件、质量手册、形成文件的程序、记录	成文信息
工作环境	过程运行环境
监理和测量设备	监视和测量资源
采购产品	外部提供的产品和服务
供方	外部供方

A.2 产品和服务

GB/T 19001—2008使用的术语"产品"包括所有的输出类别。本标准则使用"产品和服务"。"产品和服务"包括所有的输出类别(硬件、服务、软件和流程性材料)。

特别包含"服务",旨在强调在某些要求的应用方面,产品和服务之间存在的差异。服务的特性表明,至少有一部分输出是在与顾客的接触面上实现的。这意味着在提供服务之前不一定能够确认其是否符合要求。

在大多数情况下,"产品和服务"一起使用。有组织向顾客提供的或外部供方提供的大多数输出包括产品和服务两方面。例如:有形或无形产品可能涉及相关的服务,而服务也可能涉及相关的有形或无形产品。

A.3 理解相关方的需求和期望

4.2规定的要求包括了组织确定与质量管理体系有关的相关方,并确定来自这些相关方的要求。然而,4.2并不意味着因质量管理体系要求的扩展而超出本标准的范围。正如范围中所述,本标准适用于需要证实其有能力稳定地提供满足顾客要求以及相关法律法规要求的产品和服务,并致力于增强顾客满意的组织。

本标准未要求组织考虑其确定的与质量管理体系无关的相关方。有关相关方的某个特定要求是否与其质量管理体系相关,需要由组织自行判断。

A.4 基于风险的思维

本标准以前的版本中已隐含基于风险的思维的概念,如:有关策划、评审和改进的要求。

本标准要求组织理解其组织环境(见4.1),并以确定风险作为策划的基础(见6.1)。这意味着将基于风险的思维应用于策划和实施质量管理体系过程(见4.4),并有助于确定成文信息的范围和程度。

质量管理体系的主要用途之一是作为预防工具。因此,本标准并未就"预防措施"设置单独条款或子条款,预防措施的概念是通过质量管理体系要求中融入基于风险的思维来表达的。

由于在本标准中使用基于风险的思维,因而一定程度上减少了规定性要求,并以基于绩效的要求替代。在过程、成文信息和组织职责方面的要求比GB/T 19001—2008具有更大的灵活性。

虽然6.1规定组织应策划应对风险的措施,但并未要求运用正式的风险管理方法或将风险管理过程形成文件。组织可以决定是否采用超出本标准要求的更多风险管理方法,如:通过应用其他指南或标准。

在组织实现其预期目标的能力方面,并非质量管理体系的全部过程表现出相同的风险等级,并且不确定性的影响对于各组织不尽相同。根据6.1的要求,组织有责任应用基于风险的思维,并采取应对风险的措施,包括是否保留成本信息,以作为其确定风险的证据。

A.5 适用性

本标准在其要求对组织质量管理体系的适用性方面不使用"删减"一词。然而,组织可根据其规模和复杂程度、所采用的管理模式、活动领域以及所面临风险和机遇的性质,对相关要求的适用性进行评审。

在4.3中有关适用性方面的要求,规定了在什么条件下,组织能确定某项要求不适用于其质量管理体系范围内的过程。只有不实施某项要求不会对提供合格的产品和服务造成不影响,组织才能决定该要求不适用。

A.6 成文信息

作为与其他管理体系标准相一致的共同内容,本标准有"成文信息"的条款,内容未做显著变更或增加(见7.5)。本标准的文本尽能与其要求相适应。因此,"成文信息"适用于所有的文件要求。

在 GB/T 19001—2008 中使用的特定术语如"文件""形成文件的程序""质量手册"或"质量计划"等,在本标准中表述的要求为"保持成文信息"。

在 GB/T 19001—2008 中使用"记录"这一术语表示提供符合要求的证据所需要的文件,现在表述的要求为"保留成文信息"。组织有责任确定需要保留的成文信息及其存储时间和所用载体。

"保持"成文信息的要求并不排除基于特殊目的,组织也可能需要"保留"同一成文信息,如:保留其先前版本。

若本标准使用"信息"一词,而不是"成文信息"(如在4.1中"组织应对这些内部和外部因素的相关信息进行监视和评审"),则并未要求将这些信息形成文件。在这种情况下,组织可以决定是否有必要或适合保持成文信息。

A.7 组织的知识

本标准在7.1.6中要求组织确定并管理其拥有的知识,以确保其过程的运行,并能够提供合格的产品和服务。

引入组织的知识这一要求,其目的是:

a)避免组织损失其知识,如:

——由于员工更替;

——未能获取和共享信息。

b)鼓励组织获取知识,如:

——总结经验;

——专家指导;

——标杆比对。

A.8 外部提供过程、产品和服务的控制

在8.4中提出了所有形式的外部提供过程、产品和服务,如是否通过:

a)从供方采购;

b)关联公司的安排;

c)将过程分包给外部供方。

外包总是具有服务的基本特征,因为这至少要在供方与组织之间的接触面上实施一项活动。

由于过程、产品和服务的性质,外部提供所需的控制可能存在很大差异。对外部供方以及外部提供的过程、产品和服务,组织可以应用基于风险的思维来确定适当的控制类型和控制程度。

附录三　质量管理体系知识练习

一、选择题(选择正确答案写在括号中)
1. 实施 GB/T 19001－2016 标准并不意味着需要(　　)
   a)统一不同质量管理体系的架构
   b)形成与本标准条款结构相一致的文件
   c)在组织内使用本标准的特定术语
   d)a)＋b)＋c)
2. "与审核准则有关的并且能够证实的记录、事实陈述或其他信息",是指(　　)
   a)审核结论　　　　　　　　　　　　　b)审核发现
   c)审核方案　　　　　　　　　　　　　d)审核证据
3. 以下哪一种活动必须由与现行工作无直接责任人员进行(　　)
   a)合同评审　　　　　　　　　　　　　b)设计评审
   c)质量体系审核　　　　　　　　　　　d)以上都不是
4. 在审核前,审核员准备好检查表是为了(　　)
   a)更好地熟悉标准
   b)对将要审核的内容作一全面的考虑,更好完成审核任务
   c)按严格安排好的路线进行审核
   d)向受审核方提出更多的问题
5. 抽样调查,要注意(　　)
   a)抽月底生产的产品做样品
   b)抽技术文件做样品
   c)抽夜间生产的产品做样品
   d)不能轻易接受受审核方事先准备好的样本(品)
6. 在本标准中,术语"产品"仅适用于(　　)
   a)预期提供给顾客的或顾客所要求的产品
   b)产品实现过程的产生的任何预期输出
   c)a)＋b)
7. 一个企业应根据不同客户要求建立多个不同的质量体系(　　)
   a)是　　　　　　　　　　　　　　　　b)不是
8. 在第一次内审中,对公司各部门的审核必须涉及标准的所有要素(　　)
   a)是　　　　　　　　　　　　　　　　b)不是

9. 下列哪种审核文件应在现场审核前通知受审部门（   ）
   a)审核计划   b)检查表
   c)审核工作文件和表式   d)a)＋b)＋c)
10. 一次内部审核的结束是指（   ）
    a)末次会议结束   b)分发了经批准的审核报告之时
    c)对不符合项纠正措施进行验证后   d)监督检查之后
11. 组织应采取适当的防护措施有（   ）
    a)原材料   b)半成品
    c)成品   d)上述三类
12. 产品要求可由（   ）
    a)顾客提出规定   b)组织预测顾客的要求规定
    c)法规规定   d)a)＋b)＋c)
13. GB/T 19001－2016 标准中"8.3 产品和服务设计和开发"是指（   ）的设计和开发
    a)产品和服务   b)过程
    c)体系   d)a)＋b)＋c)
14. GB/T 19001－2016 版新标准采用过程方法，该方法结合了（   ）
    a)PDCA 循环的思路   b)持续改进的思路
    c)PDCA 循环与基于风险的思维 d)管理的系统方法
15. 将活动作为相互关联、功能连贯的过程系统来理解和管理时，可更加有效和高效地得到一致的、可预知的结果。可称之为（   ）
    a)全员参与方法   b)过程方法
    c)基于事实的决策方法   d)系统论
16. 当某份合同修改时，必须（   ）
    a)组织会议评审
    b)向总经理汇报
    c)通知促销员
    d)将修改内容及有关信息通知有关职能部门
17. 除非得到批准，否则在策划的安排已圆满完成之前，不应向顾客放行产品和交付服务（   ）
    a)有关授权人员的批准
    b)适用时得到顾客
    c)a)＋b)
18. 对于不同组织，质量管理体系形成文件的信息的多少与详略程度可以不同，取决于（   ）
    a)组织的规模，以及活动、过程、产品和服务的类型
    b)人员的能力
    c)过程的复杂程度及其相互作用
    d)a)＋b)＋c)
19. 管理评审是为了确保质量管理体系的（   ）
    a)适宜性   b)有效性

c)充分性　　　　　　　　　　　　d)a)+b)+c)
20.顾客满意指的是(　　)
　　a)没有顾客抱怨
　　b)要求顾客填写意见表
　　c)顾客对自己的要求已被满足的程度的感受
　　d)a)+b)

二、判断题(认为正确或者完整的请画"√",不正确或不完整请画"×")

(　　)1.现场审核的首、末次会议必须由审核组长主持。
(　　)2."审核"定义中的"审核准则"是指审核所依据的标准。
(　　)3.审核员在发现不符合项线索时可扩大抽样。
(　　)4.审核范围就是受审方质量管理体系的范围。
(　　)5.GB/T 19001—2016 标准适用于各种类型、各种规模的组织。
(　　)6.审核组是根据不合格项的多少来评价受审方的质量管理体系的。
(　　)7.在对产品实现进行策划时,组织应针对产品确定过程、文件和资源需求。
(　　)8.与产品有关要求的评审包括对组织与供方所签订的采购合同的评审。
(　　)9.产品的测量必须由专职检验员进行。
(　　)10.为保证不符合项纠正措施的有效性,审核员必须去现场验证。
(　　)11.持续改进可能涉及产品、过程和体系等方面的改进。
(　　)12.审核计划应征得受审核方同意。
(　　)13.组织如果选择将影响产品符合要求的任何过程外包,应确保对这些过程的控制。对此类外包过程控制的类型和程度应在管理体系中加以规定。
(　　)14.确保组织所确定的策划和运行质量管理体系所需的外来文件得到识别,并控制其分发。
(　　)15.最高管理者应在本组织管理层中指定一名成员为管理者代表。
(　　)16.所有测量设备必须有授权机构定期进行校准。
(　　)17.管理评审就是质量管理体系评审。
(　　)18.现场审核前的文件评审是对受审核方质量管理体系文件有效性和适宜性的确认。
(　　)19.顾客财产可包括知识产权和个人信息。
(　　)20.审核计划一旦经受审方事先确认,双方都不得提出更改要求。

三、简答题

1.某公司在开发新产品时,由于自身不具备设计能力,委托专业的设计院进行设计,然后根据设计图纸进行试生产、定型和批量投产。对于组织而言,就 GB/T 19001—2016 标准 8.3 条款中哪些条款可认为不适用？为什么？

2.GB/T 19001—2016 哪些条款中体现了"以顾客为关注焦点"原则？至少举出 3 个条款并简要说明。

3.现场审核第一天发现了一项文件上的不符合,第二天该部门负责人说:"我们已经把不符合的文件修改了,请审核组把这个不符合撤下来。"你作为审核组组长,如何处理？为什么？

4.简述审核原则。

5.审核报告应包括的内容有哪些？

四、填空题（请判断下列情景与 GB/T 19001—2016 哪个条款对应）

1."招待所客房的桌子上放着《服务指南》。"

适用于这一情景的条款是＿＿＿＿＿＿＿＿

2."仓库雨后漏水，没有及时维修。"

适用于这一情景的条款是＿＿＿＿＿＿＿＿

3."质量体系文件更改后，标明了更改的次数和日期。"

适用于这一情景的条款是＿＿＿＿＿＿＿＿

4."用适当的方法来标识未经检验的产品。"

适用于这一情景的条款是＿＿＿＿＿＿＿＿

5."质检部编制《成品检验规程》。"

适用于这一情景的条款是＿＿＿＿＿＿＿＿

6."人力资源部在'人才市场'招聘微电子工程师，以满足新产品开发的需要。"

适用于这一情景的条款是＿＿＿＿＿＿＿＿

7."检验员在成品车间对煤气开关的五项指标进行测试，并填写检验报告。"

适用于这一情景的条款是＿＿＿＿＿＿＿＿

8."用于监视和测量的计算机软件，在初次使用前已得到确认。"

适用于这一情景的条款是＿＿＿＿＿＿＿＿

9."客户发来传真询问是否同意合同补充条款，公司未及时回复。"

适用于这一情景的条款是＿＿＿＿＿＿＿＿

10."尽管出口合同并未规定包装的图案和色彩要求，但是公司在确定包装的图案和色彩时，仍应考虑进口国家的风俗和习惯。"

适用于这一情景的条款是＿＿＿＿＿＿＿＿

五、案例情景题（指出不符合事实、不符合标准的相应条款号及条款相应内容，判定不符合性质）

1.一位审核员到某企业的仓库审核，记录了以下客观证据：

(1)仓库账本编号及进出库内容清楚，存放整齐，但没有版本标识；

(2)仓库其中一扇窗户开着，有雨水进入，且靠近窗户的产品配件已生锈；

(3)仓库中有一区域，码放一堆产品，库管员说是不合格品，要返修，但无不合格品标识牌。

根据以上证据，请说出该审核员审核了哪些标准条款，并判定是否存在不符合。

2.某企业产品检验采取抽样的方式，但三个检验员的抽样比例都不相同，该企业也没有对抽样比例的文件做出规定。

3.在一家企业的采购科，审核员发现采购员在采购时使用的产品的国家标准是1987年的标准，而该标准已经被国家在1997年发布的标准所取代。同时该采购员的标准据他本人讲是他自己买的，公司从未发给他过，他也不知道该标准已经作废。审核员检查该标准也未发现上面有该企业的任何标识。

4.在做压痕试验时审核员发现实验员的两个压痕取样距离过近。审核员问他应该按什么标准取样时，他说具体标准他也不知道，他刚工作不久，是看别人的样子做的。他说他向组长提出过要看作业指导书,组长说文件被锁在主任的抽屉里了,主任出差得月底才能回来。

5. 审核员在销售科的顾客投诉记录上发现,最近一个月有 30 多项关于设备购买不久就出现事故的投诉,在分析原因一栏中都是顾客误操作造成的,在处置栏中记录的处置结果是都已进行了修复,并告诉顾客操作注意事项。审核员进一步询问此事是否有其他措施时,科长告诉审核员,顾客提出问题,我们马上解决,解决了顾客就没意见了,顾客对我们的服务非常满意。审核员问为什么不向设计科反映,科长说,那样的话就成了我们认为设计科的设计不合格了,设计科会对我们有意见的,况且也没有有关规定啊。

6. 在一家企业的总装车间,审核员发现提供操作人员使用的作业文件已严重损坏,字迹模糊。审核员问车间主任,为什么不及时予以更换呢？车间主任回答:操作人员早已熟悉作业,更不更换都无所谓!

7. 在销售科,审核员发现一封顾客投诉信,上面说该厂生产的设备不能使用,原因是软件不配套。厂长的批示是,软件是顾客自己提供的,问题应由顾客自己解决。